D1996188

Ihre Rechte als Patient

Mit allen Neuregelungen der Gesundheitsreform

Rudolf Bittins

Bibliografische Information der Deutschen Bibliothek

Die Deutsche Bibliothek verzeichnet diese Publikation in der Deutschen Nationalbibliografie; detaillierte bibliografische Daten sind im Internet über http://dnb.ddb.de abrufbar.

ISBN 3-448-06083-6
Bestell-Nr. 00784-0001

Postanschrift: Postfach, 82142 Planegg
Hausanschrift: Fraunhoferstraße 5, 82152 Planegg
Fon: (0 89) 8 95 17-0, Fax: (0 89) 8 95 17-2 50
E-Mail: online@haufe.de
Internet: www.haufe.de
Lektorat: Kathrin Buck
Redaktion: Sylvia Rein

Die genannten Beispiele stellen keine Fälle aus der Rechtssprechung dar, sondern sind zur Veranschaulichung der Information frei erfunden. Geschilderte Rechtsfälle hingegen sind explizit als solche benannt.

Umschlaggestaltung: Simone Kienle, par:two büro für visuelles, 70182 Stuttgart
Umschlagentwurf: Agentur Buttgereit & Heidenreich, 45721 Haltern am See
Druck: freiburger graphische betriebe, 79108 Freiburg

Zur Herstellung der Bücher wird nur alterungsbeständiges Papier verwendet.

TaschenGuides – alles, was Sie wissen müssen

Für alle, die wenig Zeit haben und erfahren wollen, worauf es ankommt. Für Einsteiger und für Profis, die ihre Kenntnisse rasch auffrischen wollen:

- Sie sparen Zeit und können das erworbene Wissen effizient umsetzen.
- Kompetente Autoren erklären jedes Thema aktuell, leicht verständlich und praxisnah.
- In der Gliederung finden Sie die wichtigsten Fragen und Probleme aus der Praxis.
- Das übersichtliche Layout ermöglicht es Ihnen, sich rasch zu orientieren.
- Schritt für Schritt-Anleitungen, Checklisten, Beispiele und hilfreiche Tipps bieten Ihnen das nötige Werkzeug für Ihre Arbeit.
- Als Schnelleinstieg in ein Thema ist der TaschenGuide die geeignete Arbeitsbasis für Gruppen in Organisationen und Betrieben.

Ihre Meinung interessiert uns! Mailen Sie einfach an die TaschenGuide-Redaktion unter online@haufe.de.

Wir freuen uns auf Ihre Anregungen.

Inhalt

Vorwort

Am 1.1.2004 ist nach langer Diskussion die Gesundheitsreform in Kraft getreten. Die Verunsicherung in den ärztlichen Wartezimmern ist groß, viele Patienten fragen sich: Was muss ich jetzt selbst bezahlen? Wie ist das mit der Praxisgebühr? Und kann ich mir „krank sein" überhaupt noch leisten?

Denn eines ist klar: Durch die Gesundheitsreform ergeben sich zusätzliche Belastungen für die Patienten, weil Leistungen gestrichen und Zuzahlungen erhöht bzw. neu eingeführt werden. Dieser TaschenGuide beantwortet alle wichtigen Fragen zur Reform. Sie erfahren, mit welchen zusätzlichen finanziellen Belastungen Sie rechnen müssen und welche neuen Versorgungsangebote der Kassen es gibt. Denn bei den neuen Regelungen geht es nicht einfach nur darum, Kosten auf die Patienten abzuwälzen, sondern darum, die gesetzliche Krankenversicherung umfassend zu reformieren. Deshalb erfahren Sie hier auch, wie Sie davon profitieren, dass die Reform Qualität und Wirtschaftlichkeit Ihrer medizinischen Versorgung verbessert.

Zur umfassenden Information als Krankenversicherter und Patient gehören natürlich auch die Rechte und Pflichten, die Sie und Ihr Arzt bei der Behandlung haben - von der Qualität der Behandlung, die Sie erwarten können, über die Patientenverfügung bis hin zu Behandlungsfehlern und wie Sie im Schadensfall zu Ihrem Recht kommen.

Rudolf Bittins

Ihre Rechte gegenüber der Krankenkasse

Für Ihre Gesundheitsversorgung gelten seit 1.1.2004 neue Spielregeln. Als gesetzlich Krankenversicherter müssen Sie zunächst tiefer in die Tasche greifen. Hier erfahren Sie, was genau Sie an wen bezahlen müssen, aber auch, welche Verbesserungen Sie erwarten können.

Im Überblick: Was bringt die Gesundheitsreform 2004?

Auch nach Inkrafttreten von großen Teilen des Gesetzes zur Modernisierung der gesetzlichen Krankenversicherung (GMG) seit 1.1.2004 sollen Sie als Patient von ihrer Krankenkassen natürlich alle medizinischen Leistungen erhalten, die Sie benötigen. In der beitragsfreien Familienversicherung behalten auch Ehe- und Lebenspartner und Kinder umfassenden Krankenversicherungsschutz. Am Kern des solidarischen Systems hat die Gesundheitsreform also nichts geändert. Allerdings sollen durch bestimmte Maßnahmen die Mitsprachemöglichkeiten für Patienten sowie die Qualität und Effizienz der medizinischen Versorgung verbessert werden.

Mehr Mitspracherecht für Patienten

Durch die Gesundheitsreform werden die Patientensouveränität und die Patientenrechte gestärkt. Dafür ist es notwendig, die Wahl- und Mitsprachemöglichkeiten der Patienten deutlich zu erweitern.

Patientenquittung

Um dies zu erreichen werden Leistungen und Kosten transparenter. Mit dem Anspruch auf eine Patientenquittung können Sie jetzt unmittelbar nachvollziehen, welche Leistungen ein Arzt zu welchen Preisen mit der Krankenkasse abrechnet. Das schafft zum einen Kostensensibilität und stärkt zum anderen erheblich das Vertrauensverhältnis zwischen Ihnen als Patient und Ihrem Arzt (siehe auch S. 60).

Elektronische Gesundheitskarte

Mit der Einführung der elektronischen Gesundheitskarte ab 2006 bekommen Sie ihre Gesundheitsdaten zukünftig selbst in die Hand. Sie alleine entscheiden dann, wer auf welche Informationen zugreifen darf, damit eine Behandlung möglichst koordiniert und mit größtmöglichem Erfolg abläuft. Zugleich behalten Sie selbst den Überblick. Doppelbehandlungen, Unverträglichkeiten in der Medikation sollen dadurch vermieden werden.

Mit dem neuen Institut für Qualität und Wirtschaftlichkeit wird Ihnen eine qualitätsgesicherte und vor allem auch für den medizinischen Laien verständliche Informationsquelle zur Verfügung stehen, die hilft, ärztliche und therapeutische Entscheidungen nachzuvollziehen und richtig einzuordnen.

Mitverantwortung durch Bonusprogramme

Durch Bonusprogramme können sich die Krankenkassen seit 1.1.2004 nicht nur im Wettbewerb klarer positionieren. Die Bonusprogramme bieten sowohl für die Versicherten als auch für die Krankenkassen handfeste Vorteile. Wer regelmäßig an Vorsorge- und Früherkennungsuntersuchungen oder an Präventionsprogrammen teilnimmt, wer sich in ein Hausarztsystem, ein Chronikerprogramm oder eine integrierte Versorgung einschreibt, kann von seiner Krankenkasse einen lukrativen Bonus erhalten. Dies kann neben bestimmten Sachprämien eine Ermäßigung bei Medikamentenzuzahlungen sein, bei der Praxisgebühr oder sogar bei den Versicherungsbeiträgen (siehe auch S. 52).

Stärkere Vertretung der Patienteninteressen

Mehr Transparenz, verbesserte Informationsmöglichkeiten und Bonusprogramme sollen die Stellung der Patienten verbessern. Darüber hinaus werden die Patienteninteressen auch auf der politischen Ebene künftig stärker berücksichtigt. Bei wichtigen Entscheidungen im Gemeinsamen Bundesausschuss von Ärzten, Krankenkassen und Krankenhäusern erhalten die Patientenverbände ein Mitspracherecht. Ein eigens eingesetzter, unabhängiger Patientenschutzbeauftragter wird auf der Bundesebene die Patienteninteressen stärker zu Gehör bringen (siehe auch S. 61).

Mehr Qualität, weniger Kosten

Durch die Gesundheitsreform werden die verschiedenen Bereiche im Gesundheitswesen besser und enger zusammenarbeiten. Für Sie als Patient kann sich das im Rahmen von krankenkassengesteuerten Bonusprogrammen finanziell auszahlen.

Hausarztsystem

Ein grundlegendes Ziel der Gesundheitsreform ist es, Behandlungsprozesse besser zu koordinieren. Die gesetzlichen Krankenkassen bieten dazu beispielsweise ein so genanntes Hausarztsystem an. Der Vorteil liegt darin, dass Patient und

Hausarzt über die am besten geeignete Therapie sprechen und gemeinsam entscheiden. Die Fäden einer Behandlung – gegebenenfalls ergänzt durch eine Facharztbehandlung oder einen notwendigen Krankenhausaufenthalt – laufen in der Hausarztpraxis zusammen. Überflüssige oder doppelte Untersuchungen und Behandlungen werden dadurch vermieden und die Behandlungsqualität wird nachhaltig verbessert. Unnötige Kosten können somit gespart werden.

Den gleichen Ansatz verfolgen auch die medizinischen Versorgungszentren, die nun in ganz Deutschland zugelassen werden (siehe auch S. 64).

■ *Krankenkassen können seit 1.1.2004 erstmals Direktverträge sowohl mit qualifizierten Hausärzten als auch mit medizinischen Versorgungszentren schließen.* ■

Verbesserungen für chronisch Kranke

Durch die Förderung integrierter Versorgungsformen soll vor allem die Qualität der Versorgung von chronisch Kranken verbessert werden. Durch die Gesundheitsreform erhalten die Krankenkassen neue Spielräume für die Entwicklung und Umsetzung von Chronikerprogrammen, die die Behandlung chronischer Erkrankungen stärker strukturieren und damit für Betroffene nachhaltig verbessern. Außerdem können jetzt auch Krankenhäuser bei speziellen Krankheiten wie z. B. Tumorerkrankungen oder Multipler Sklerose die ambulante Versorgung übernehmen.

Durch dieses neue Wettbewerbselement sollen besonders die Patienten profitieren. Das kostentreibende und zeitaufwändige Hin und Her zwischen ambulanter und stationärer Behandlung kann dadurch weitgehend vermieden werden.

Bessere Versorgung durch Fortbildungspflicht der Ärzte

Ein weiterer wichtiger Schlüssel zur Sicherung der Versorgungsqualität ist die Fortbildungspflicht für Ärzte. Mediziner sind künftig zur regelmäßigen Teilnahme an qualitätsgesicherten, von wirtschaftlichen Interessen unabhängigen Fortbildungsveranstaltungen verpflichtet und müssen dies auch nachweisen.

Mehr Effizienz

Ein weiteres Ziel der Gesundheitsreform ist es, das Gesundheits- und Kostenbewusstsein im Gesundheitswesen zu fördern. Jeder Euro soll zukünftig so ausgegeben werden, dass er den Patienten nützt.

Neues Preissystem für Arzneimittel

Die Koppelung des Verdienstes eines Apothekers an die Packungsgröße und den Preis eines Arzneimittels besteht seit 1.1.2004 nicht mehr. Apotheken erhalten jetzt eine einheitliche Honorierung ihrer Leistungen für jedes abgegebene Arzneimittel. Darüber hinaus sind Apotheker grundsätzlich verpflichtet, Arzneimittel abzugeben, die bei gleicher Wirkung im Preis günstiger sind (siehe auch S. 40).

Mehr Wettbewerb zwischen den Apotheken

Die Preise für nicht verschreibungspflichtige Arzneimittel sind jetzt freigegeben. Sie können sich also als Verbraucher für den jeweils preisgünstigsten Anbieter entscheiden. Mehr Wettbewerb zum Nutzen der Versicherten bringt auch die Zulassung des Versandhandels mit sich (siehe auch S. 41).

Weniger Bürokratie

Die zum Teil überproportional hohen Verwaltungskosten bei den Krankenkassen werden eingeschränkt. Liegen die Verwaltungskosten einer Krankenkasse pro Mitglied mehr als zehn Prozent über dem Durchschnitt aller Kassen, dann werden sie eingefroren.

Neuregelung von Zuzahlungen

Für die Zuzahlung gilt grundsätzlich folgende Faustregel: Für alle in Anspruch genommenen Leistungen zahlen Sie als gesetzlich Versicherter zehn Prozent zu. Höchstens allerdings zehn Euro, mindestens fünf Euro. Liegen die Kosten einer Leistung unter fünf Euro, zahlen Sie den tatsächlichen Preis.

■ *Die Einführung der Praxisgebühr von zehn Euro soll zu einem bewussteren Umgang mit dem Gesundheitssystem führen und zugleich die Rolle des Hausarztes als Partner stärken (mehr zur Praxisgebühr, S. 15 ff.).* ■

Die Ziele im Überblick

- Die Qualität der Gesundheitsversorgung soll nachdrücklich und dauerhaft verbessert und die Effizienz des Mitteleinsatzes erhöht werden. Dazu wird sich ein qualitätsorientierter Wettbewerb sowohl zwischen den Krankenkassen als auch zwischen denjenigen Einrichtungen, deren medizinische Leistungen Sie in Anspruch nehmen, also den so genannten Leistungserbringern, in einem solidarischen Ordnungsrahmen etablieren.
- Die Kernaufgaben der sozialen Krankenversicherung und die Verfügbarkeit der medizinisch notwendigen Leistungen für alle Patienten soll dauerhaft gesichert werden. Dabei wird die Krankenversicherung weiterhin solidarisch finanziert, damit die medizinische Versorgung gesichert bleibt, und zwar unabhängig von der finanziellen Situation des Einzelnen.
- Die Finanzierung der gesetzlichen Krankenversicherung soll nachhaltig neu geordnet werden. Neben einer Entlastung der Lohnzusatzkosten ist es das Ziel, die Beitragssätze zu senken. Die erhöhten bzw. neu eingeführten Zuzahlungen für gesetzlich Krankenversicherte zu zahlreichen Leistungen sollen dazu ebenfalls beitragen.
- Die Patientensouveränität und die Patientenrechte werden gestärkt und die Entscheidungsfreiheiten der Patienten ausgeweitet.

Wie viel müssen Sie zuzahlen?

Durch die Gesundheitsreform sollen die Krankenkassen im Jahr 2004 um etwa zehn Mrd. Euro entlastet werden. Bis zum Jahr 2007 soll die Entlastung sogar auf ca. 14 bis 15 Mrd. Euro angewachsen sein. Bei diesen Zahlen fragt man sich natürlich: Auf wessen Rechnung geht die Gesundheitsreform eigentlich? Die Antwort ist klar: Ein großer Teil der erhofften Einsparungen geht zu Lasten der Patienten, beispielsweise durch erhöhte bzw. auch neu eingeführte Zuzahlungen.

Die Zuzahlungen leisten Sie in den meisten Fällen an den jeweiligen Leistungserbringer (dazu mehr in den folgenden Kapiteln). Unabhängig davon, an wen Sie die Zuzahlung entrichten - ob an Ihren Arzt, im Krankenhaus, beim Masseur oder in der Apotheke -, lassen Sie sich diese immer quittieren und bewahren Sie die Quittungen auf. Für die Ausstellung dieses Belegs darf der Leistungserbringer übrigens keine Vergütung verlangen.

Der Vergütungsanspruch des Arztes bzw. des sonstigen Leistungserbringers gegenüber der Krankenkasse verringert sich natürlich um den Betrag, den Sie bezahlt haben.

Die Praxisgebühr

Seit Januar 2004 haben Patienten ab 18 Jahre an den Hausarzt, Facharzt, Zahnarzt oder Psychotherapeuten, den sie als ersten im Quartal aufsuchen, eine Praxisgebühr von zehn Euro zu entrichten.

Keine Praxisgebühr müssen Sie zahlen, wenn

- Sie jünger als 18 Jahre sind,
- Sie dem Arzt eine Überweisung aus demselben Quartal vorlegen,
- Sie nach der seit 1.1.2004 geltenden Rechtslage nachweislich keine Zuzahlungen mehr zu leisten haben (siehe Befreiungsnachweis, S. 36 ff.) oder
- Sie zur Durchführung von Schutzimpfungen, von Vorsorge- und Früherkennungsmaßnahmen, zur jährlichen bzw. halbjährlichen Zahnkontrolluntersuchung zum Arzt gehen.

Beim Zahnarzt gilt: Sie können zweimal jährlich eine Kontrolluntersuchung inklusive diagnostischer und präventiver Leistungen (z. B. Zahnstein entfernen) wahrnehmen, ohne dass die Praxisgebühr anfällt. Sobald andere Leistungen beim gleichen oder einem weiteren Zahnarztbesuch hinzukommen, müssen Sie die Praxisgebühr zahlen.

Beispiel: Praxisgebühren

Arztbesuche im 1. Quartal 2004 eines 25-jährigen Versicherten:

1 Hausarztbesuch	10 €
3 Facharztbesuche (Orthopäde) mit Überweisung	0 €
1 Zahnarztbesuch mit Behandlung	10 €
1 Facharztbesuch (Augenarzt) ohne Überweisung	10 €
Praxisgebühr 1. Quartal 2004 insgesamt	30 €

Um möglichst wenig Praxisgebühren zu zahlen, sollten Sie sich also stets überweisen lassen, am besten von Ihrem Hausarzt (zum Bonus für Versicherte bei der Teilnahme an Hausarztprogrammen, siehe S. 63). Grundsätzlich kann der

Hausarzt zu allen Fachärzten - außer natürlich zum Zahnarzt - eine Überweisung ausstellen, aber prinzipiell kann Sie natürlich ein Facharzt zum Hausarzt oder zu einem anderen Facharzt überweisen.

Auch bei den Vorsorgeuntersuchungen beispielsweise beim Urologen oder Gynäkologen gilt übrigens: Sobald zur Früherkennungsuntersuchung eine Behandlung hinzu kommt, müssen Sie die Praxisgebühr bezahlen.

Wie läuft der Einzug der Praxisgebühr ab?

Die Praxisgebühr müssen Sie immer im voraus bezahlen. Sie sollten also bei jedem ersten Arztbesuch im Quartal zehn Euro zur Hand haben. Der Arzt muss Ihnen dann eine Quittung über den Betrag ausstellen, die bei allen weiteren Besuchen beim gleichen Arzt im gleichen Quartal Ihr Nachweis für die geleistete Zuzahlung ist. Der Arzt darf dann keine weitere Praxisgebühr im Quartal verlangen.

In Notfällen können Sie die Praxisgebühr auch im Nachhinein bezahlen. Dies gilt auch in den Fällen, in denen Sie zum ersten Mal im Quartal nicht persönlich mit dem Arzt Kontakt haben, beispielsweise, wenn Sie ein Rezept für Arzneimittel telefonisch bestellen.

Können Sie die Praxisgebühr nicht vor der Behandlung bezahlen, sind Sie verpflichtet, die Zuzahlung unverzüglich, spätestens jedoch innerhalb von zehn Werktagen zu leisten. Muss Sie der Arzt an die Zahlung der Praxisgebühr erinnern, kann er Ihnen die Portokosten für eine schriftliche Zahlungsaufforderung in Rechnung stellen. Bezahlen Sie die

Praxisgebühr trotz der Erinnerung des Arztes nicht innerhalb der vom Arzt gesetzten Frist, übernimmt die für den Arzt zuständige Kassenärztliche Vereinigung den weiteren Zahlungseinzug. Die Kassenärztliche Vereinigung fordert Sie dann schriftlich zur Zahlung auf und setzt eine zeitliche Frist fest. Zahlen Sie auch dann noch nicht innerhalb dieses Zeitraums, ist die Kassenärztliche Vereinigung ermächtigt, Vollstreckungsmaßnahmen durchzuführen.

Wenn sich ein Patient übrigens vor der Behandlung grundsätzlich weigert, die Praxisgebühr zu bezahlen, darf der Arzt – außer bei akuter Behandlungsbedürftigkeit - dessen Behandlung auch ablehnen.

Wenn Frauen ihr Rezept für die Pille abholen

Grundsätzlich müssen Frauen die Praxisgebühr auch dann bezahlen, wenn sie nur ein Rezept zur Verordnung der Anti-Baby-Pille beim Arzt abholen. Um die Praxisgebühr in diesen Fällen jedoch nicht in jedem Quartal zahlen zu müssen, sollten Patientinnen ihren Arzt bitten, eine längerfristige Verordnung, z. B. für sechs Monate, auszustellen.

Wenn Sie zur Vertretung Ihres Arztes gehen

Gehen Sie im Quartal *nach* einem ersten Besuch beim Hausarzt zu dessen Vertreter, beispielsweise weil Ihr Hausarzt im Urlaub ist, müssen Sie natürlich keine weitere Praxisgebühr bezahlen. Erfolgt jedoch der Erstbesuch im Quartal bereits bei einem Vertreter Ihres Hausarztes, erhebt dieser die Zuzahlung und quittiert diese. Ihr Hausarzt darf im Anschluss dann keine Praxisgebühr mehr verlangen. In beiden Fällen darf der als zweiter in Anspruch genommene Arzt also keine Praxisgebühr mehr verlangen und muss die Quittung, die Sie ihm vorlegen, mit dem Vertragsarztstempel versehen.

In Notfällen und bei ambulanter Behandlung im Krankenhaus

Sie müssen die Praxisgebühr auch zahlen, wenn Sie einen ärztlichen Notdienst in Anspruch nehmen. Sollten Sie den Notdienst allerdings mehrmals in Anspruch nehmen – z. B. weil Sie am Wochenende oder an Feiertagen nochmals zur Nachschau einbestellt werden – müssen Sie die Praxisgebühr nur einmal pro Quartal zahlen. Soweit Sie im Kalendervierteljahr erstmalig eine Leistung

- im organisierten Notfalldienst oder
- im Rahmen der ambulanten Leistungserbringung eines Krankenhauses

in Anspruch nehmen, muss Ihnen eine Quittung ausgestellt werden und diese tritt dann an die Stelle der Überweisung. In diesen Fällen hat der später in Anspruch genommene Arzt die Quittung mit dem Vertragsarztstempel zu versehen; eine erneute Praxisgebühr müssen Sie nicht bezahlen.

Beispiel: Notfall

Ein Versicherter begibt sich am Wochenende mit einer Brandverletzung an der Hand in die ambulante Notfallversorgung eines Krankenhauses. Dort zahlt er 10 € Praxisgebühr. Bei der Weiterbehandlung durch den Hausarzt legt er diesem die Quittung über die gezahlte Praxisgebühr vor. Der Hausarzt versieht diese mit seinem Stempel und der Versicherte braucht im selben Quartal bei seinem Hausarzt keine Praxisgebühr mehr zu bezahlen.

Arzneimittel

Zu verschreibungspflichtigen Arzneimitteln haben Patienten ab 18 Jahre zehn Prozent der Kosten als Zuzahlung zu leisten. Die Zuzahlung beträgt zwischen fünf und zehn Euro und darf die tatsächlichen Kosten des Arzneimittels nicht übersteigen. Den Betrag entrichten Sie direkt an die Apotheke, bei der Sie die Arznei kaufen.

Beispiel: Zuzahlung bei Arzneimitteln

Ein Versicherter bekommt von seinem Arzt drei Arzneimittel verschrieben:

Arzneimittel 1: Preis 80 €,	Zuzahlung 10 % =	8,00 €
Arzneimittel 2: Preis 38 €,	Zuzahlung 10 % =	3,80 €
	Mindestzuzahlung =	5,00 €
Arzneimittel 3: Preis 114,80 €,	Zuzahlung 10 % =	11,48 €
	Höchstzuzahlung =	10,00 €

Die sich an der Packungsgröße orientierende Preisstaffel ist seit 1.1.2004 nicht mehr gültig. Mit der prozentualen Zuzahlungsregelung soll auch das wirtschaftliche Verhalten der Patienten gefördert werden. Suchen Sie sich nämlich aus mehreren gleichwertigen Arzneien ein preiswerteres Produkt aus, müssen Sie auch entsprechend weniger zuzahlen.

Machen Sie den Preisvergleich! Sie können davon profitieren, wenn Sie Ihre Arzneien dort kaufen, wo sie am preiswertesten angeboten werden. Deshalb kann es sich für Sie auch lohnen, Ihre Arzneien über eine Versandapotheke, z. B. aus dem Internet, zu beziehen. Außerdem unterliegen nicht verschreibungspflichtige Arzneimittel ab 2004 keiner Preisbindung mehr. Die Apotheken müssen sich hier mit ihrer Preisgestaltung also an der Marktsituation orientieren.

Heilmittel

Patienten ab 18 Jahre zahlen zu den Kosten der Heilmittel zehn Prozent zu. Zusätzlich wird seit 1.1.2004 je Verordnung eine Gebühr von zehn Euro fällig. Unter Verordnung ist immer das Rezept und nicht jedes einzelne verordnete Heilmittel zu verstehen. Auch wenn auf Ihrem Rezept also verschiedene Heilmittel, z. B. Massage und Fango, stehen, bezahlen Sie zehn Euro für die Verordnung sowie zehn Prozent der Heilmittelkosten.

Beispiel: Zuzahlung bei Heilmitteln

Der Arzt verordnet eine Serie von sechs Massagen mit einem Preis von je 9,80 € und dazu sechs Warmpackungen zu einem Preis von je 6,90 €. Die Zuzahlung beträgt:

10 % von 9,80 € = 0,98 € x 6 =	5,88 €
10 % von 6,90 € = 0,69 € x 6 =	4,14 €
Verordnungsgebühr	10,00 €
Gesamtzuzahlung	20,02 €

Anders als bei der Zuzahlung z. B. für Arzneimittel gibt es bei Heilmitteln keinen Mindestzuzahlungsbetrag von fünf bzw. keinen Höchstzuzahlungsbetrag von zehn Euro.

Sowohl die Verordnungsgebühr als auch die zehnprozentige Zuzahlung zahlen Sie an den Leistungserbringer, z. B. für Massagen an den Masseur.

Hilfsmittel

Bei den Zuzahlungen zu Hilfsmitteln wird unterschieden nach nicht zum Verbrauch und zum Verbrauch bestimmten Hilfsmitteln.

Nicht zum Verbrauch bestimmte Hilfsmittel

Für nicht zum Verbrauch bestimmte Hilfsmittel, z. B. einen Rollstuhl oder ein Hörgerät, haben Patienten ab 18 Jahre je Hilfsmittel zehn Prozent der von der Krankenkasse zu zahlenden Kosten zu zahlen. Mindestens sind hier fünf Euro und höchstens zehn Euro fällig. Die Zuzahlung darf die tatsächlichen Kosten des Hilfsmittels nicht überschreiten.

Zum Verbrauch bestimmte Hilfsmittel

Im Gegensatz zu den nicht zum Verbrauch bestimmten Hilfsmitteln werden zum Verbrauch bestimmte Hilfsmittel in der Regel nur einmal benutzt, z. B. Windelhosen, Bettschutzeinlagen oder Einmalhandschuhe.

Bei diesen Hilfsmitteln werden als Zuzahlung pro Packung zehn Prozent der tatsächlichen Kosten fällig. Die Zuzahlung ist jedoch auf zehn Euro für den Monatsbedarf begrenzt. Die Zuzahlung entrichten Sie an den Leistungserbringer, also z. B. an den orthopädischen Fachhandel.

Beispiel: Zuzahlung bei zum Verbrauch bestimmten Hilfsmitteln

Leistungsart	Zuzahlung
Windelhosen	10 % des Abgabepreises, maximal 10 € für den Monatsbedarf
Bettschutzeinlagen und Einmalhandschuhe	10 % des Abgabepreises der Bettschutzeinlagen und Einmalhandschuhe, insgesamt maximal 10 € für den Monatsbedarf
Versorgungsgspauschale für ableitende oder aufsaugende Inkontinenzartikel	10 % der Pauschale, maximal 10 € für den Monatsbedarf

Krankenhausbehandlung

Für Versicherte ab 18 Jahre beträgt die Krankenhauszuzahlung täglich zehn Euro für 28 Tage im Kalenderjahr.

Die Zuzahlungspflicht besteht vom Beginn der Krankenhausbehandlung an. D. h. wenn Sie über den Jahreswechsel hinaus stationär behandelt werden, beginnt mit dem neuen Jahr keine neue 28-Tages-Periode. Der zum Jahreswechsel verbleibende Zahlungszeitraum wird in das neue Kalenderjahr übernommen. Auf die Krankenhauszuzahlung angerechnet werden u. a. die im gleichen Kalenderjahr für eine Anschlussrehabilitation geleisteten Zuzahlungen (siehe S. 24). Weiterhin gilt, dass sowohl für den Aufnahme- als auch für den Entlassungstag die Zuzahlungspflicht besteht.

Beispiel: Berechnung der Krankenhauszuzahlung
Zeitraum der Krankenhausbehandlung: 6.1.2004 bis 15.2.2004
= 41 Kalendertage
Zuzahlung: 6.1.2004 bis 2.2.2004 = 28 Kalendertage x 10 € = 280 €

Im Falle der Verlegung in ein weiterbehandelndes Krankenhaus oder in eine Rehabilitationseinrichtung müssen Sie die Zuzahlung für den Verlegungstag an die aufnehmende Einrichtung zahlen.

Vorsorge und Rehabilitation

Bei folgenden Maßnahmen müssen Sie pro Kalendertag eine Zuzahlung von zehn Euro leisten:

- stationäre Vorsorgemaßnahmen,
- ambulante Rehabilitationsmaßnahmen,

- stationäre Rehabilitationsmaßnahmen und
- Anschlussrehabilitation.

Bei Maßnahmen zur Anschlussrehabilitation ist die Zuzahlung – wie bei der Krankenhausbehandlung – auf 28 Tage pro Kalenderjahr begrenzt. Wenn Sie vor der Anschlussrehabilitation im Krankenhaus waren, wird der Zeitraum Ihres Krankenhausaufenthalts bei der Berechnung des Zuzahlungszeitraums für die Anschlussrehabilitation berücksichtigt. Krankenhausbehandlung und Anschlussrehabilitation werden also als ein durchgehender Behandlungsfall angesehen, die 28-Tage-Periode beginnt mit Ihrem ersten Tag im Krankenhaus.

Fahrkosten im Zusammenhang mit einer medizinischen Rehabilitationsmaßnahme zu Lasten der Krankenkasse werden übrigens in voller Höhe von der Krankenkasse übernommen.

Häusliche Krankenpflege

Patienten ab 18 Jahre haben zu den Kosten der häuslichen Krankenpflege eine Zuzahlung in Höhe von zehn Prozent der Kosten sowie zehn Euro je Verordnung zu leisten. Die Zuzahlung ist auf 28 Tage pro Kalenderjahr begrenzt.

An wen bezahlen Sie wie viel?

Sowohl die Verordnungsgebühr als auch die zehnprozentige Zuzahlung werden von der genehmigenden Krankenkasse erhoben. Die Zuzahlungsbeträge errechnen sich aus den

Kosten für die erbrachte häusliche Krankenpflege pro Tag. Die Höhe der Zuzahlung pro Kalendertag, an dem Sie die Leistung in Anspruch nehmen, ermittelt die Krankenkasse rückwirkend aus der Rechnung des Pflegedienstes. Dieser Betrag wird Ihnen anschließend - zusammen mit der Verordnungsgebühr - von der Krankenkasse in Rechnung gestellt.

▪ *Anders als bei der Zuzahlung z. B. für Arzneimittel gibt es auch bei der häuslichen Krankenpflege keinen Mindestzuzahlungsbetrag von fünf Euro bzw. keinen Höchstzuzahlungsbetrag von zehn Euro.* ▪

Beispiel: Zuzahlung für häusliche Krankenpflege

Zeitraum der häuslichen Krankenpflege: 15.3.2004 bis 22.4.2004
= 35 Kalendertage, Kosten je Kalendertag: 48 €

Zuzahlung: 15.3.2004 bis 11.4.2004	
= 28 Kalendertage, je 10 % von 48 €, also 28 x 4,80 €	134,40 €
Verordnungsgebühr	10,00 €
Zuzahlung insgesamt	144,40 €

Nehmen Sie in einem Kalenderjahr erstmalig die häusliche Pflege in Anspruch und dauert sie weniger als 28 Tage, müssen Sie bei einer weiteren Pflege im selben Kalenderjahr weitere Zuzahlungen leisten, und zwar für so viele Kalendertage, wie sie zur Gesamtfrist von 28 Tagen noch fehlen.

Bei einer häuslichen Pflege wegen Schwangerschaft oder Entbindung müssen die Patientinnen keine Zuzahlungen leisten.

Haushaltshilfe

Patienten ab 18 Jahre haben seit 1.1.2004 für jeden Kalendertag, an dem sie eine Haushaltshilfe in Anspruch nehmen, eine Zuzahlung in Höhe von zehn Prozent des entsprechenden Tagessatzes zu leisten. Die tägliche Zuzahlung beträgt auch hier mindestens fünf Euro und höchstens zehn Euro, allerdings darf die Zuzahlung die tägliche Kassenleistung für die Haushaltshilfe nicht überschreiten. Die Zuzahlungen zieht hier die Krankenkasse ein.

Wenn Sie die Haushaltshilfe selbst beschaffen

In den meisten Fällen besorgen sich die Versicherten selbst eine Haushaltshilfe, bezahlen diese zunächst selbst und rechnen dann die Kosten mit der Krankenkasse ab. Beantragen Sie in diesem Fall die Kostenübernahme bei Ihrer Krankenkasse, behält diese zehn Prozent der erstatteten Kosten ein. Auch hier beträgt die Zuzahlung mindestens fünf bzw. höchstens zehn Euro und darf die tatsächlichen Kosten nicht übersteigen.

Wenn die Kasse Ihnen die Haushaltshilfe besorgt

Manche Krankenkassen stellen ihren Versicherten jedoch selbst Haushaltshilfen als Sachleistung zur Verfügung und bezahlen diese direkt. Die Höhe der Zuzahlung ermittelt die Krankenkasse dann rückwirkend aus der Rechnung des Leistungserbringers, z. B. der Sozialstation oder dem Betreuungsdienst, und stellt sie Ihnen anschließend in Rechnung.

Entbindung und Rehabilitation

Benötigen Sie eine Haushaltshilfe wegen Schwangerschaft oder Entbindung, so müssen Sie keine Zuzahlungen entrichten. Wenn Sie jedoch wegen einer medizinischen Rehabilitationsmaßnahme eine Haushaltshilfe brauchen, bleibt die Zuzahlungspflicht bestehen.

Soziotherapie

Im Rahmen der Soziotherapie werden Patienten betreut, die wegen ihrer schweren psychischen Erkrankung nicht in der Lage sind, ärztliche Leistungen selbständig in Anspruch zu nehmen. Der Soziotherapeut stellt also einerseits sicher, dass diese Patienten zum Arzt gehen. Die Patienten sollen andererseits irgendwann wieder in der Lage sein, dies selbständig zu tun. Bei der Soziotherapie beträgt die tägliche Zuzahlung zehn Prozent, mindestens fünf Euro und höchstens zehn Euro, allerdings nicht mehr als die tatsächlichen Kosten. Grundlage für die Berechnung der zehnprozentigen Zuzahlung ist die Vergütung für die Einzeltherapie pro Kalendertag bzw. anteilig für eine Gruppentherapie. Die Krankenkasse stellt dem Patient die Zuzahlung in Rechnung.

Beispiel 1: Eine Therapiestunde pro Tag

Der Preis für eine Stunde Einzeltherapie pro Tag liegt bei 36 €. Die Zuzahlung beträgt 10 %, also grundsätzlich 3,60 €. Dieser Betrag ist geringer als 5 €, so dass als tatsächliche Zuzahlung 5 € fällig werden.

Beispiel 2: Zwei Therapiestunden pro Tag

Der Preis für eine Stunde Einzeltherapie beträgt 36 €. Das ergibt bei zwei Therapiestunden pro Tag einen Gesamtpreis von 72 €. Hiervon werden 10 % als tatsächliche Zuzahlung fällig, also 7,20 €.

Wann werden Sie von der Zuzahlung befreit?

Auch die Befreiungsmöglichkeiten von Zuzahlungen, die so genannten Härtefallregelungen, sind neu gestaltet.

■ *Seit Januar 2004 haben alle Versicherten Zuzahlungen bis zu einer Höhe von zwei Prozent der „Bruttoeinnahmen zum Lebensunterhalt" pro Kalenderjahr zu zahlen. Eine generelle Zuzahlungsbefreiung für bestimmte Personenkreise ist nicht mehr möglich.* ■

Für chronisch Kranke, die wegen derselben schwerwiegenden Krankheit in Dauerbehandlung sind, beträgt diese Grenze ein Prozent (mehr zur Definition von „chronisch krank", siehe S. 34 ff.).

So bemessen sich die Belastungsgrenzen

Die Belastungsgrenzen von zwei bzw. einem Prozent, bei deren Erreichen Sie sich von den Zuzahlungen befreien lassen können, sind abhängig von

- den zu berücksichtigenden Angehörigen,
- den Bruttoeinnahmen zum Lebensunterhalt sowie
- der Höhe der im laufenden Kalenderjahr geleisteten Zuzahlungen.

Im folgenden klären wir die hier verwendeten Begriffe und den Ablauf der Befreiung.

Zu berücksichtigende Angehörige

Angehörige im Sinne der Härtefallregelungen sind Ehegatten, eingetragene Lebenspartner nach dem Lebenspartnerschaftsgesetz und familienversicherte Kinder, die mit dem Versicherten in einem gemeinsamen Haushalt leben.

Kinder sind in diesem Zusammenhang auch die im Haushalt des Versicherten lebenden Stief-, Enkel- und Pflegekinder, deren Familienversicherung aus der Versicherung eines anderen – nicht im gemeinsamen Haushalt lebenden – Angehörigen des Kindes abgeleitet wird. Die Frage, ob die Kinder das 18. Lebensjahr bereits vollendet haben oder nicht, ist hier unbedeutend. Ehegatten und eingetragene Lebenspartner des Versicherten, die im gemeinsamen Haushalt mit dem Versicherten leben, werden bei der Härtefallprüfung immer berücksichtigt, auch, wenn sie selbst versichert, familienversichert oder überhaupt nicht in der gesetzlichen Krankenversicherung versichert sind.

Bruttoeinnahmen zum Lebensunterhalt

Da die Belastungsgrenze immer für den gesamten Familienverbund berechnet wird, werden die Bruttoeinnahmen zum Lebensunterhalt vom Versicherten und die des Ehegatten bzw. eingetragenen Lebenspartners, der sonstigen Angehörigen und der familienversicherten Kinder zusammengerechnet. Voraussetzung: Sie müssen in einem gemeinsamen Haushalt leben.

Maßgeblich sind hier alle Bruttoeinnahmen. Hierzu gehören beispielsweise Lohn, Gehalt, Weihnachtsgeld, Renten, Einkünfte aus Land- und Forstwirtschaft, aus einem Gewerbebetrieb, selbstständiger Arbeit, Kapitalvermögen, Vermietung und Verpachtung. Berücksichtigt werden jedoch auch alle sonstigen Einnahmen zum Lebensunterhalt, auch wenn sie steuerfrei sind. Nicht berücksichtigt werden u. a. Kindergeld, Blindenhilfe oder Erziehungsgeld.

Das sind die Freibeträge

Grundsätzlich müssen alle Versicherten bis zu ihrer Belastungsgrenze von 1 oder 2 % der jährlichen Bruttoeinnahmen zum Lebensunterhalt Zuzahlungen leisten. Je nach der Anzahl der im Haushalt lebenden Angehörigen werden von den jährlichen Einnahmen zum Lebensunterhalt jedoch Freibeträge abgezogen. So sind für den ersten Angehörigen im gemeinsamen Haushalt (meistens der Ehe- oder eingetragenen Lebenspartner) 4.347 Euro abzuziehen und für jedes familienversicherte Kind 3.648 Euro. Alleinerziehende mit einem oder mehreren Kindern können für das erste Kind den erhöhten Betrag von 4.347 Euro und je weiteres Kinder ggf. 3.648 Euro abziehen.

Sonderregelung für Sozialhilfeempfänger

Abweichend vom Begriff "Bruttoeinnahmen zum Lebensunterhalt" ist bei bestimmten Personenkreisen generell der so genannte Sozialhilfe-Eckregelsatz für einen Haushaltsvorstand zugrunde zu legen. Dies gilt

- für Personen, die Hilfe zum Lebensunterhalt erhalten
  - nach dem Bundessozialhilfegesetz oder

- im Rahmen der Kriegsopferfürsorge nach dem Bundesversorgungsgesetz oder
- nach anderen Gesetzen in entsprechender Anwendung des Bundesversorgungsgesetzes oder
- Leistungen nach dem Gesetz über eine bedarfsorientierte Grundsicherung im Alter und bei Erwerbsminderung, sowie

- für Personen, bei denen die Kosten der Unterbringung in einem Heim oder einer ähnlichen Einrichtung von einem Träger der Sozialhilfe oder der Kriegsopferfürsorge getragen werden.

Diese Sonderregelung gilt auch für Sozialhilfeempfänger, deren Krankenbehandlung seit 1.1.2004 von den Krankenkassen sicherzustellen ist.

Der Sozialhilfe-Eckregelsatz beträgt je nach Bundesland zwischen 282 und 316 Euro monatlich. Davon werden für Ehegatten, Lebenspartner und Kinder keine zusätzlichen Freibeträge mehr abgezogen. Die maximale zweiprozentige Zuzahlung pro Jahr für Sozialhilfebezieher beträgt also bei einem Sozialhilfe-Eckregelsatz von monatlich 282 Euro (282 Euro x 12 x 2 % =) 67,68 Euro.

▪ *Für Personen, deren Einnahmen zum Lebensunterhalt niedriger sind als der Sozialhilfe-Eckregelsatz oder in Fällen, in denen aufgrund des Abzuges von Familienabschlägen der Sozialhilfe-Eckregelsatz unterschritten wird, ist der Sozialhilfe-Eckregelsatz als Mindestbetrag für die Berechnung der Belastungsgrenze zu Grunde zu legen.* ▪

So ermitteln Sie Ihre Belastungsgrenze

Beispiel: Belastungsgrenze einer Familie

Herr Müller ist 45 Jahre alt, Angestellter, verheiratet und hat drei minderjährige Kinder. Seine Ehefrau hat kein eigenes Einkommen. Die Familie verfügt über Bruttoeinnahmen in Höhe von 30.000 € im Jahr. Für seine drei Kinder kann Herr Müller einen Freibetrag von insgesamt 10.944 € (3.648 € pro Kind) geltend machen, für seine nicht erwerbstätige Ehefrau 4.347 €, also ingesamt 15.291 €. Um diesen Betrag reduzieren sich seine anrechenbaren Einnahmen bei der Festsetzung der Belastungsobergrenze. Für die verbleibenden 14.709 € gilt die Belastungsobergrenze von 2 %, da es in der Familie keine chronischen Erkrankungen gibt. Familie Müller zahlt also maximal 294,18 € pro Jahr zu. Familie Müller hat folgende Leistungen mit den entsprechenden Zuzahlungen in Anspruch genommen:

1. Quartal 2004		
3 Kinderarztbesuche, keine Zuzahlung		
1 Hausarztbesuch von Herrn Müller, Praxisgebühr	10 €	
2 Arzneimittel von 25 bzw. 60 €, Zuzahlung 5 bzw. 6 €	11 €	
Gesamtzuzahlungen im 1. Quartal		21 €
2. Quartal 2004		
Krankenhausaufenthalt von Herr Müller von 8 Tagen, Zuzahlung 8 x 10 €	80 €	
1 Hausarztbesuch, Praxisgebühr	10 €	
3 Facharztbesuche mit Überweisung, keine Zuzahlung		
4 Arzneimittel von 12, 20, 25 und 30 €, Zuzahlung je 5 €	20 €	
Gesamtzuzahlungen im 2. Quartal		110 €
3. Quartal 2004		
Vorsorgeuntersuchung von Frau Müller, keine Zuzahlung		
Zahnarztbesuch von Herrn Müller, Praxisgebühr	10 €	
Gesamtzuzahlungen im 3. Quartal		10 €
4. Quartal 2004		
Hausarztbesuch Herr und Frau Müller, Praxisgebühr 2 x 10€	20 €	
2 Arzneimittel von 12 bzw. 15 €, Zuzahlung je 5 €	20 €	
Krankenhausaufenthalt Fr. Müller, 25 Tage, Zuzahlung 25 x 10 €	250 €	
Zuzahlungen im 4. Quartal		290 €
Gesamtzuzuahlungen 2004		**431 €**

Familie Müller hat 2004 insgesamt 431 € an Zuzahlungen geleistet. Damit ist die Zuzahlungshöchstgrenze für das gesamte Jahr (294,18 €) um 136,82 € überschritten. Diesen Betrag erstattet die Krankenkasse zurück.

Beispiel: Belastungsgrenze eines chronisch Kranken

Herr Meier lebt alleine und bezieht eine Rente in Höhe von 1.000 € pro Monat, also 12.000 € im Jahr. Sonst hat er keine Einnahmen. Er ist chronisch krank und muss dehalb regelmäßig zum Arzt gehen und Medikamente einnehmen: drei Großpackungen pro Monat. Aufgrund seiner Erkrankung sind die Zuzahlungen auf maximal 1% seiner Bruttoeinnahmen pro Jahr begrenzt. Das entspricht 120 € pro Jahr. Herr Meier hat folgende Leistungen mit den entsprechenden Zuzahlungen in Anspruch genommen:

Januar 2004		
3 Arzneimittel je 40 €, Zuzahlung 3 x 5 €	15 €	
1 Hausarztbesuch, Praxisgebühr	10 €	
3 Facharztbesuche mit Überweisung, keine Zuzahlung		
Zuzahlung Januar 2004		25 €
Februar 2004		
4 Arzneimittel je 40 €, Zuzahlung 4 x 5 €	20 €	
1 Hausarztbesuch, 3 Facharztbesuche mit Überweisung, alle zuzahlungsfrei, da Praxisgebühr nur einmal im Quartal anfällt		
Zuzahlung Februar 2004		20 €
März 2004		
3 Arzneimittel je 60 €, Zuzahlung 4 x 6 €	24 €	
1 Hausarztbesuch, 3 Facharztbesuche mit Überweisung, alle zuzahlungsfrei, da Praxisgebühr nur einmal im Quartal anfällt		
Krankenhausaufenthalt von 21 Tagen, Zuzahlung 21 x 10 €	210 €	
Zuzahlung März 2004		234 €
Zuzahlungen 1. Quartal 2004		**279 €**

Herr Meier hat im 1. Quartal 2004 insgesamt 279 € an Zuzahlungen geleistet. Damit hat er bereits seine Zuzahlungshöchstgrenze für das gesamte Jahr (120 €) um 159 € überschritten. Die Krankenkasse erstattet ihm auf seinen Antrag hin 159 € der zu viel geleisteten Zuzahlungen zurück und befreit Herrn Meier für den Rest des Jahres 2004.

Was heißt „chronisch krank"?

Für chronisch Kranke, die sich wegen derselben schwerwiegenden Krankheit in Dauerbehandlung befinden, liegt die Belastungsgrenze bei einem Prozent der jährlichen Bruttoeinnahmen zum Lebensunterhalt.

▪ *Sobald nur ein Familienmitglied als chronisch krank im Sinne der Härtefallregelung gilt, ist die einprozentige Belastungsgrenze für die gesamte Familie maßgebend.* ▪

Es stellt sich allerdings die Frage, wer überhaupt als chronisch Kranker in diesem Sinne anzusehen ist. Nicht jeder Patient, der regelmäßig seinen Arzt aufsucht und dauerhaft Medikamente einnimmt, ist automatisch chronisch krank im Sinne dieser Härtefallregelungen. Der Gesetzgeber hat nicht festgelegt, was unter einer chronischen Erkrankung in Sinne der Härtefallregelungen zu verstehen ist. Es wird diskutiert, welche Diagnosen ganz konkret darunter zu verstehen sind. Eventuell wird eine Liste mit chronischen Erkrankungen erstellt, die typischerweise die Kriterien für eine schwerwiegende Krankheit in Dauerbehandlung im Sinne der Härtefallregelungen erfüllen. Dazu könnten z. B. Suchterkrankungen zählen, die mit einer Substitutionsbehandlung (d. h. Behandlung mit Drogenersatzstoffen) therapiert werden. Im Zweifelsfall fragen Sie am besten Ihre Krankenkasse.

So definiert sich „chronisch krank" schon jetzt

Grundsätzlich können Sie jedoch jetzt davon ausgehen, dass eine Krankheit schwerwiegend chronisch ist, wenn sie wenigstens ein Jahr lang, mindestens einmal in jedem Quartal ärztlich behandelt wurde (Dauerbehandlung). Darüber hinaus

- muss Pflegebedürftigkeit der Pflegestufen 2 oder 3 nach dem Pflegeversicherungsgesetz vorliegen oder
- eine Erwerbsminderung von mindestens 60 Prozent vorliegen und diese muss auch durch die chronische Krankheit bedingt sein.

Notwendigkeit und Nachweis der Behandlung

Das Vorliegen einer schwerwiegenden Krankheit in Dauerbehandlung ist darzulegen durch einen entsprechenden Nachweis des behandelnden Arztes unter Angabe ihres Beginns und der Grunderkrankung, und zwar auf einem bundeseinheitlichen Formular. In Zweifelsfällen kann die Krankenkasse eine Überprüfung durch den Medizinischen Dienst veranlassen.

Die Krankenkassen halten die Vordrucke für den Nachweis des Arztes bereit und geben sie auf Anfrage an den Versicherten bzw. den Arzt aus. Die Krankenkasse soll den Vordruck jedoch erst dann ausgeben, wenn sie geprüft und bestätigt hat, dass der Versicherte bereits ein Jahr lang Zuzahlungen in Höhe von mindestens einem Prozent der jährlichen Bruttoeinnahmen zum Lebensunterhalt gezahlt hat. Hierdurch lassen sich unnötige ärztliche Bescheinigungen ohne Auswirkungen auf die Zuzahlungsverpflichtung des einzelnen Versicherten vermeiden.

Der Patient muss die Notwendigkeit der Dauerbehandlung spätestens vor Ablauf jedes zweiten Kalenderjahres nach Wegfall der Zuzahlungspflicht neu nachweisen. In Zweifelsfällen wird die Notwendigkeit durch den Medizinischen Dienst geprüft.

Die Befreiung beantragen

Um nicht zu viel zu bezahlen, gibt es prinzipiell zwei Wege: Sie können das ganze Kalenderjahr über alle Zuzahlungen entrichten, die von Ihnen verlangt werden, und sich die zu viel gezahlten Beträge nach Ende des Kalenderjahres zurückerstatten lassen. Das erledigen die Krankenkassen automatisch, Sie müssen dafür keinen Antrag stellen. Der zweite Weg ist: Sie beantragen im laufenden Kalenderjahr die Befreiung von Zuzahlungen, weil Sie sich ausrechnen, dass Sie die Belastungsobergrenze bereits erreicht haben (siehe das Beispiel mit Herrn Meier, S. 33). Das lohnt sich natürlich besonders bei geringem Einkommen, als chronisch Kranker oder dann, wenn Sie bereits im 1. oder 2. Quartal viele Leistungen in Anspruch genommen haben, z. B. zahlreiche Medikamente, Heilmittelanwendungen und/oder einen Krankenhausaufenthalt.

Heimbewohner, die nur ein Taschengeld beziehen, befreien die Krankenkassen bereits zum 1. Januar eines Jahres. Die ein- oder zweiprozentige Zuzahlung bezahlt der Sozialhilfeträger in einer Summe direkt an die Krankenkasse.

So kommen Sie zu einem Befreiungsausweis

Sobald Sie die Belastungsgrenze innerhalb eines Kalenderjahres erreicht haben, können Sie bei Ihrer Krankenkasse eine Befreiung beantragen. Dann bekommen Sie eine Bescheinigung darüber, dass Sie für den Rest des Kalenderjahres keine Zuzahlungen mehr leisten müssen, einen so genannten Befreiungsausweis.

■ *Wichtig: Die Krankenkassen können von sich aus nicht erkennen, wann Sie Ihre Belastungsgrenze überschritten haben. Bewahren Sie deshalb alle Belege gut auf, rechnen Sie selbst nach und beantragen Sie dann die Befreiung bei Ihrer Krankenkasse.* ■

Im Einzelfall kann die Krankenkasse auch von Beginn des Jahres eine Befreiung aussprechen, wenn die Zuzahlungen bis zur Belastungsgrenze im voraus entrichtet werden. Dies wird in der Regel in den Fällen erfolgen, in denen innerhalb kurzer Zeiträume die Belastungsgrenze erreicht würde.

So weisen Sie Ihre Zuzahlungen nach

Um von Zuzahlungen befreit zu werden, müssen Sie Ihrer Krankenkasse nachweisen, welche Zuzahlungen Sie tatsächlich geleistet haben. Es können dabei nur Zuzahlungsbelege akzeptiert werden, aus denen folgende Daten ersichtlich sind:

- der Vor- und Zuname des Versicherten,
- die Art der Leistung (z. B. Arzneimittel/Heilmittel),
- der Zuzahlungsbetrag,

- das Datum der Abgabe und
- die abgebende Stelle (z. B. Stempel des Leistungserbringers, beispielsweise des Arztes oder der Apotheke).

Lassen Sie sich von Ihrer Krankenkasse ein Quittungsheft zum Nachweis der Zuzahlungen aushändigen. Damit stellen Sie sicher, dass Sie Ihre Zuzahlungen ordnungsgemäß nachweisen können.

Welche Kosten werden nicht anerkannt?

Bei der Härtefallregelung werden alle gesetzlichen Zuzahlungen wie beispielsweise zu Arznei-, Verband-, Heil- und Hilfsmitteln und natürlich auch die Praxisgebühr berücksichtigt. Nicht berücksichtigt werden dagegen Mehrkosten oberhalb der Kassensätze oder Eigenanteile für Hilfsmittel, die auch dem täglichen Gebrauch dienen. Dazu gehören z. B.

- Mehrkosten für Arzneimittel oder Hilfsmittel, die höher sind als die zwischen den Krankenkassen und den Apotheken vereinbarten Festpreise (sog. "Festbeträge") ,
- Mehrkosten für aufwändigere Leistungen als eigentlich notwendig,
- Kosten für Mittel oder Leistungen, deren Verordnung zu Lasten der Krankenkasse ausgeschlossen sind, z. B. rezeptfreie Arzneimittel (Ausnahmen, s. S. 41),
- Eigenanteile bei Hilfsmitteln, die auch Gebrauchsgegenstände des täglichen Lebens beinhalten; so übernimmt Ihre Krankenkasse z. B. bei orthopädischen Schu-

hen nur die Kosten, die über die Kosten normal notwendiger Schuhe hinausgehen,

- Kosten für Leistungen ohne ärztliche Verordnung, z. B. wenn Sie ohne Rezept zur Entspannung zur Massage gehen.

Ebenfalls nicht berücksichtigt werden Eigenleistungen zu Zahnersatz und bei Maßnahmen zur künstlichen Befruchtung (siehe S. 44 f.). Fahrkosten zur ambulanten Behandlung können seit 1.1.2004 nicht mehr auf die Belastungsgrenze angerechnet werden. Die für Fahrkosten generell zu leistenden Zuzahlungen von 10 % der Kosten, mindestens 5 €, höchstens 10 € sind aber auch dann bei der Härtefallprüfung zu berücksichtigen, wenn die eigentliche Fahrt nicht zu Lasten der Krankenkasse geht.

Was ändert sich bei den Leistungen?

Neben neuen oder erhöhten Zuzahlungen ist der Leistungskatalog der gesetzlichen Krankenkassen seit 1.1.2004 in einigen Bereichen eingeschränkt. So wurde das Entbindungsgeld komplett gestrichen. Die Kostenübernahme von Brillen und Kontaktlinsen, nicht verschreibungspflichtigen Arzneimitteln, Maßnahmen der künstlichen Befruchtung sowie Sterilisationen ist seit 1.1.2004 nur noch eingeschränkt möglich. Hingegen wurde der Versicherungsschutz bei Auslandsaufenthalten deutlich erweitert.

Arzneimittel

Seit Januar 2004 hat der Apotheker keinen wirtschaftlichen Vorteil mehr, wenn er Ihnen ein teures Medikament verkauft. Von 2004 an erhalten Apotheker von der Krankenkasse stets das gleiche Abgabehonorar von 8,10 Euro pro verkauftem verschreibungspflichtigen Medikament. Das gilt unabhängig von dessen Preis und Packungsgröße. Der Verdienst des Apothekers ist also nicht mehr umso höher, je teurer das verkaufte Medikament ist.

Sparen mit Nachahmerprodukten

Apotheker sind verpflichtet, Ihnen wirkungsgleiche, aber preisgünstigere Arzneimittel – so genannte Nachahmerprodukte oder Generika – auszuhändigen, wenn der Arzt statt eines speziellen Medikaments nur einen Wirkstoff verschrieben hat. Das Gleiche gilt, wenn der Arzt nicht ausdrücklich ausschließt, das verordnete Medikament durch ein anderes zu ersetzen. Durch diese so genannte aut-idem-Regelung erhalten Sie ein qualitativ gleichwertiges Arzneimittel, müssen aber weniger dazuzahlen, da sich die Zuzahlung nach dem Preis des Arzneimittels richtet. Deshalb lohnt es sich künftig, wenn Sie Ihren Arzt und Apotheker auf ein preiswerteres Medikament ansprechen.

Mehr Wettbewerb um rezeptfreie Arzneimittel

Die Preise für nicht verschreibungspflichtige Arzneimittel sind seit Januar 2004 freigegeben. Jeder Apotheker entscheidet über den Preis seiner Produkte also selbst. Der

Wettbewerb um den Apothekenkunden findet deshalb künftig nicht mehr nur in der Disziplin „beste Beratung" statt, sondern auch auf der Preisebene.

■ *Sie können davon ausgehen, dass die Preise für viele rezeptfreie Arzneimittel und Produkte deutlich sinken werden.* ■

Wann die Kasse zahlt und wann nicht

Rezeptfreie Arzneimittel werden grundsätzlich nicht mehr von den gesetzlichen Krankenkassen erstattet. Auch Medikamente zur Verbesserung der privaten Lebensführung werden nicht bezahlt. Dazu zählen Mittel gegen Potenzschwäche oder Impotenz, zur Raucherentwöhnung und Gewichtsreduzierung, Appetithemmer oder auch Haarwuchsmittel.

Für Kinder unter 12 Jahren und Jugendliche mit Entwicklungsstörungen bezahlen die Krankenkassen auch weiterhin rezeptfreie Medikamente. Auch schwer Erkrankte bekommen unter Umständen die Kosten für rezeptfreie Arzneimittel von ihrer Krankenkasse ersetzt. Das kann der Fall sein bei Medikamenten, die unverzichtbare Wirkstoffe für die Behandlung schwerwiegender Erkrankungen wie Krebs oder Herzinfarkt enthalten. Für diese Patienten gelten in solchen Fällen die gleichen Zuzahlungsmodalitäten wie bei rezeptpflichtigen Arzneimitteln.

Medikamente per Versandhandel bestellen

Wie in anderen europäischen Staaten längst üblich, ist der Versandhandel von apothekenpflichtigen, also auch verschreibungspflichtigen Arzneimitteln in Deutschland freigegeben worden. Seit Januar 2004 können Sie sich Medikamente von einer beliebigen Apotheke nach Hause bestellen. Bei verschreibungspflichtigen Medikamenten müssen Sie das Originalrezept per Post verschicken, ansonsten reicht die Bestellung per Telefon oder Internet.

Von der einfachen Bestellmöglichkeit profitieren vor allem Patienten, die berufstätig sind oder deren Mobilität eingeschränkt ist. Dabei wird durch gezielte Regelungen sichergestellt, dass zwischen den Präsenzapotheken und den Apotheken mit zusätzlichem Versand- oder elektronischen Handel ein fairer Wettbewerb besteht. Die wohnortnahe, flächendeckende Versorgung durch Apotheken wird auch in Zukunft gesichert bleiben.

Für Versandapotheken gelten die gleichen hohen Maßstäbe im Hinblick auf Verbraucherschutz und Arzneimittelsicherheit wie für die Apotheke vor Ort. Versandapotheken dürfen nur Arzneien liefern, die für den deutschen Markt zugelassen sind und Informationen in deutscher Sprache enthalten. Auch bei der Versand- oder Internetapotheke muss, selbst wenn sie sich im europäischen Ausland befindet, die kompetente Beratung durch pharmazeutisches Personal in deutscher Sprache gewährleistet sein.

Brillen und Kontaktlinsen

Die Krankenkassen bezahlen Brillen und Kontaktlinsen nur noch in Ausnahmefällen. Ausnahmen sind Kinder und Jugendliche bis zu einem Alter von 17 Jahren. Wer 17 Jahre oder älter ist, erhält Brillen und Kontaktlinsen nur noch bei schwerer Beeinträchtigung der Sehfähigkeit. Eine solche schwere Sehbeeinträchtigung liegt nur dann vor, wenn die Sehschärfe (Visus) auf jedem Auge bei bestmöglicher Korrektur trotz Verwendung von Sehhilfen jeglicher Art maximal 30 Prozent beträgt. Eine eingeschränkte Sehfähigkeit von bis zu 30 Prozent auf *einem* Auge reicht hingegen nicht aus: Besteht bei bestmöglicher Korrektur auf einem Auge eine Sehleistung von *höchstens* 30 Prozent, auf dem anderen Auge bei bestmöglicher Korrektur eine Sehleistung von *mehr* als 30 Prozent, haben Patienten keinen Anspruch gegenüber ihrer Krankenkasse.

Benötigen Patienten zur Behandlung von Augenverletzungen oder Augenerkrankungen Sehhilfen, so bezahlen die Krankenkassen diese so genannten therapeutischen Sehhilfen.

Fahrkosten

Der Eigenanteil bei Fahrkosten beträgt für alle Patienten – also auch für Kinder und Jugendliche –zehn Prozent des anfallenden Betrags, mindestens fünf Euro, maximal zehn Euro pro Fahrt, und zwar

- bei Fahrten im Zusammenhang mit einer stationären Krankenhausbehandlung,
- bei Rettungsfahrten zu einem Krankenhaus,
- bei anderen Fahrten mit einem Krankenwagen sowie
- bei Fahrten im Zusammenhang mit einer ambulanten Operation bzw. einer vor- oder nachstationären Behand-

lung anstelle einer sonst erforderlichen stationären Krankenhausbehandlung.

Keine Übernahme, aber Ausnahmen möglich

Fahrtkosten in Zusammenhang mit einer ambulanten Behandlung (z. B. zum Arzt oder zur Krankengymnastik) fallen grundsätzlich in die Eigenverantwortung der Versicherten.

Liegen jedoch zwingende medizinische Gründe vor, kann die Krankenkasse die Fahrkosten nach vorheriger Genehmigung ausnahmsweise übernehmen. Ausnahmefälle sind beispielsweise Therapieformen, bei denen der Patient über einen längeren Zeitraum hinweg regelmäßig ambulant behandelt wird und als Folge der Behandlung seine Sicherheit im Straßenverkehr nicht mehr gewährleistet ist. Diese Voraussetzungen sind bei Fahrten zur Dialysebehandlung, Strahlentherapie und Chemotherapie als in der Regel erfüllt anzusehen.

Die Krankenkassen sollen auch die Fahrten zur ambulanten Behandlung für Patienten übernehmen, die dauerhaft in ihrer Mobilität beeinträchtigt sind, also Personen, die laut ihrem Schwerbehindertenausweis außergewöhnlich gehbehindert sind.

Künstliche Befruchtung

Als künstliche Befruchtung sind alle medizinischen Maßnahmen anzusehen, mit denen eine Schwangerschaft nicht auf natürlichem Wege, sondern durch Einsatz medizinischer Verfahren herbeigeführt wird.

Unter welchen Voraussetzungen bezahlt die Kasse?

Die Maßnahmen zur Herbeiführung einer Schwangerschaft müssen aus ärztlicher Sicht erforderlich sein. Dies ist dann der Fall, wenn herkömmliche Behandlungsmethoden wie hormonelle Stimulation oder Fertilisation nicht (mehr) Erfolg versprechend sind. Leistungen zur künstlichen Befruchtung erhalten ausschließlich Ehepaare und nur im sog. homologen System, bei dem lediglich Ei- und Samenzellen der Ehegatten verwendet werden. Sind die Ehegatten nicht in derselben Krankenkasse oder ist nur einer der Ehegatten in der gesetzlichen Krankenversicherung, übernimmt die Krankenkasse nur die Kosten der Maßnahmen für den bei ihr Versicherten.

Die Anzahl möglicher Versuche zur künstlichen Befruchtung zu Lasten der Krankenkasse ist seit 1.1.2004 von vier auf drei Versuche reduziert worden. Zusätzlich gelten Altersgrenzen.

■ *Der Anspruch besteht für nur für Frauen, die zwischen 25 und 50 Jahre alt sind, und für Männer, die zwischen 25 und 40 Jahre alt sind.* ■

Die Kosten werden hälftig verteilt

Vor Beginn der Behandlung wird der Krankenkasse ein Behandlungsplan zur Genehmigung vorgelegt. Die Krankenkasse übernimmt nur noch 50 Prozent der Kosten. Die hälftige Kostenverteilung gilt auch für die diesbezügliche Arzneimittelversorgung. Es wird ausdrücklich klargestellt, dass die Maßnahmen zur künstlichen Befruchtung nicht mehr im Rahmen der Kostenerstattung, sondern ausschließlich als

Sachleistung über die Krankenversichertenkarte zu gewähren sind. Auch bei Ehepaaren, von denen nur ein Ehegatte gesetzlich krankenversichert ist, wird somit im Falle der Genehmigung ausgeschlossen, dass die Kosten, die von der gesetzlichen Krankenkasse übernommen werden, vom behandelnden Arzt nach den höheren Preisen der privatärztlichen Gebührenordnung berechnet werden.

Anspruch auf künstliche Befruchtung?

Auf Maßnahmen zur künstlichen Befruchtung besteht nur dann Anspruch, wenn nach ärztlicher Feststellung eine hinreichende Aussicht besteht, dass durch diese Maßnahmen eine Schwangerschaft herbeigeführt wird. Diese hinreichende Erfolgsaussicht wird seit 2004 nicht mehr angenommen, wenn es bereits drei erfolglose Versuche gab. Auch besteht keine Möglichkeit mehr, in medizinisch besonders begründeten Ausnahmefällen nach Genehmigung weitere Versuche zu Lasten der Krankenkasse durchzuführen.

Sterilisation

Krankheitsbedingte Sterilisationen gehören weiterhin in den Leistungskatalog der Krankenkassen; sie übernehmen hierfür die Kosten. Die Kosten einer nicht krankheitsbedingten Sterilisation hingegen werden nicht mehr von den Krankenkassen übernommen. Diese Leistungen betreffen die persönliche Lebensplanung der Versicherten. Wer sich also ohne medizinischen Grund, freiwillig und in der Absicht sterilisieren lassen möchte, keine Kinder mehr zu bekommen, hat keinen Anspruch auf Kostenübernahme.

Anspruch auf Krankengeld?

Anspruch auf Krankengeld besteht grundsätzlich dann, wenn die Sterilisation medizinisch erforderlich war und eine Arbeitsunfähigkeit im Sinne der gesetzlichen Krankenversicherung nach sich zieht. Zunächst hat der Arbeitnehmer bei Arbeitsunfähigkeit jedoch Anspruch auf Entgeltfortzahlung durch den Arbeitgeber, der Arbeitslose auf Leistungsfortzahlung. Da diese Ansprüche in der Regel für sechs Wochen bestehen, wird es in der Realität nur selten zur Zahlung von Krankengeld kommen. Erst danach - also ab der 7. Woche der Arbeitsunfähigkeit - müsste die Krankenkasse Krankengeld zahlen.

Tritt die Arbeitsunfähigkeit wegen einer aus medizinischen Gründen erforderlichen Sterilisation zu einer bereits bestehenden Arbeitsunfähigkeit hinzu, so verlängert sich die Leistungsdauer nicht.

Sterbegeld und Entbindungsgeld

Seit 1.1.2004 gehören das Sterbegeld und das Entbindungsgeld nicht mehr zum Leistungskatalog der gesetzlichen Krankenkassen, d.h. die Beträge werden nicht mehr gezahlt.

Selbstbeschaffte Leistungen im Ausland

Krankenversicherte sind seit 1.1.2004 berechtigt, auch Leistungserbringer in anderen Staaten des Europäischen Wirtschaftsraumes (EWR-Staaten) in Anspruch zu nehmen. Die Leistungserbringer müssen jedoch im Ausland offiziell anerkannt sein. Der Anspruch auf Erstattung besteht dabei höchstens in Höhe der deutschen Vergütungssätze.

Vom Erstattungsbetrag sind ausreichende – in der jeweiligen Kassensatzung festgelegte – Abschläge für Verwaltungskosten und fehlende Wirtschaftlichkeitsprüfungen sowie vorgesehene Zuzahlungen abzuziehen. Ist eine dem allgemein anerkannten Stand der medizinischen Erkenntnisse entsprechende Behandlung einer Krankheit nur in einem anderen EWR-Staat möglich, liegt es im Ermessen der Krankenkasse, die Kosten der erforderlichen Behandlung auch ganz zu übernehmen.

Wenn Sie Arzneimittel im Ausland kaufen

Arzneimittel, die Sie im Ausland kaufen, erstattet Ihnen Ihre Krankenkasse dann, wenn sie diese auch in Deutschland bezahlen würde. Für die Kostenerstattung brauchen Sie aber auf jeden Fall eine in- oder ausländische ärztliche Verordnung, auch dann, wenn Sie die Arznei im Ausland rezeptfrei erhalten (würden).

Der Erstattungsbetrag errechnet sich aus den tatsächlichen Kosten nach Abzug des Rabattes von sechs Prozent und ggf. der gesetzlichen Zuzahlung. Den Rabatt müssen Sie sich bei im Ausland selbst besorgten Arznei abziehen lassen, weil die Krankenkassen für im Inland abgegebene Arzneimittel von den Apotheken einen Rabatt von sechs Prozent des Herstellerpreises erhalten würden. Anschließend ist der satzungsgemäße Verwaltungskostenabschlag (hier z. B. 7,5 Prozent) zu berechnen und abzuziehen.

Beispiele: Arzneimittelkauf im Ausland

Beispiel 1:

Rechnungsbetrag abzgl. Rabatte	85,00 €
./. Zuzahlung (10 %)	8,50 €
= Erstattungsbetrag vor Abschlag	76,50 €
./. Verwaltungskostenabschlag (7,5 %)	5,74 €
= Erstattungsbetrag	70,76 €

Beispiel 2:

Rechnungsbetrag abzgl. Rabatte	45,00 €
./. Mindestzuzahlung	5,00 €
= Erstattungsbetrag vor Abschlag	40,00 €
./.Verwaltungskostenabschlag (7,5 %)	3,00 €
= Erstattungsbetrag	37,00 €

Beispiel 3:

Rechnungsbetrag abzgl. Rabatte	110,00 €
./. Höchstzuzahlung	10,00 €
= Erstattungsbetrag vor Abschlag	100,00 €
./. Verwaltungskostenabschlag (7,5 %)	7,50 €
= Erstattungsbetrag	92,50 €

Wenn Sie Heilmittel im Ausland beziehen

Auch hier gilt: Erstattungsfähig sind nur die Heilmittel, die die Krankenkasse auch in Deutschland bezahlen würde. Für die Kostenerstattung von Heilmitteln ist ebenfalls eine in- oder ausländische ärztliche Verordnung erforderlich. Der Erstattungsbetrag errechnet sich auf der Grundlage der deutschen Vertragssätze und wird ggf. unter Abzug der gesetzlichen Zuzahlung sowie des Eigenanteils festgesetzt. Ist der Rechnungsbetrag niedriger als die deutschen Vertragssätze, werden die Zuzahlungen vom Rechnungsbetrag errechnet. Anschließend wir von diesem Zwischenbetrag der satzungsgemäße Verwaltungskostenabschlag (hier wieder 7,5 Prozent als Beispiel) berechnet und abgezogen.

Beispiele: Heilmittel im Ausland

Beispiel 1:
Die Rechnung beträgt 100 €, der deutsche Vertragssatz 80 €.

Deutscher Vertragssatz	80,00 €
./. Zuzahlung (10 % von 80,00 €)	8,00 €
./. Verordnungsgebühr (1 Verordnung)	10,00 €
= Erstattungsbetrag vor Abschlag	62,00 €
./. Verwaltungskostenabschlag (7,5 %)	4,65 €
= Erstattungsbetrag	57,35 €

Beispiel 2:
Die Rechnung beträgt 100 €, der deutsche Vertragssatz 120 €.

Deutscher Vertragssatz	120,00 €
./. Zuzahlung (10 % von 100,00 €)	10,00 €
./. Verordnungsgebühr (1 Verordnung)	10,00 €
= Erstattungsbetrag vor Abschlag	80,00 €
./. Verwaltungskostenabschlag (7,5 %)	6,00 €
= Erstattungsbetrag	74,00 €

Neue Anreizsysteme für Versicherte

Seit 1.1.2004 haben die Krankenkassen verschiedene Möglichkeiten, ihren Versicherten über Satzungsregelungen Anreize für ein sparsames und/oder gesundheitsbewusstes Verhalten zu setzen. So können freiwillig Versicherte, die Kostenerstattung gewählt haben, einen so genannten Selbstbehalt wählen. Freiwillig Versicherte, die in einem Kalenderjahr keine Leistungen zu Lasten ihrer Krankenkasse in Anspruch genommen haben, können am Jahresende einen

Monatsbeitrag zurück erhalten. Des weiteren können Krankenkassen ihren Versicherten einen Bonus gewähren, wenn sie sich für Ihre eigene Gesundheit engagieren und die Leistungen des Gesundheitssystems sinnvoll nutzen.

Selbstbehalt

Als freiwilliges Mitglied können Sie, wenn Sie Kostenerstattung gewählt haben, für ein Kalenderjahr einen Teil der von Ihrer Krankenkasse eigentlich zu tragenden Kosten als Selbstbehalt übernehmen. Im Gegenzug erhalten Sie eine Beitragermäßigung in Form einer Beitragsrückzahlung. Voraussetzung für die Möglichkeit der Wahl eines solchen Selbstbehaltes ist eine entsprechende Regelung in der Satzung der jeweiligen Krankenkasse.

Beispiel: Selbstbehalt

Wählt ein Versicherter einen Selbstbehalt in Höhe von 500 € und sieht die Kassensatzung im Gegenzug eine Beitragreduzierung in Höhe von z. B. 75 % dieses Selbstbehaltes vor, erhält der Versicherte de facto 375 € zurück. Nimmt der Versicherte in einem Kalenderjahr keine Leistungen in Anspruch, "verdient" er 375 €. Nimmt er Leistungen in Anspruch verringert sich dieser Betrag entsprechend. Nimmt er Leistungen von mindestens 500 € in Anspruch, bleibt er tatsächlich mit 125 € belastet. Selbsthalte sind also für den Versicherten mit Chancen und Risiken verbunden.

Beitragsrückgewähr

Für freiwillige Mitglieder, die im Kalenderjahr länger als drei Monate versichert waren, kann die Krankenkasse in ihrer Satzung eine Beitragsrückzahlung von bis zu einem Monatsbeitrag vorsehen. Voraussetzung ist, dass das freiwillige

Mitglied und seine familienversicherten Angehörigen im entsprechenden Kalenderjahr keine Leistungen zu Lasten der Krankenkasse in Anspruch genommen haben, auch keine Leistungen zur Empfängnisverhütung sowie bei Schwangerschaft und Sterilisation.

Ausgenommen von dieser Regel sind Versicherte unter 18 Jahren sowie Leistungen zur Verhütung und Früherkennung von Krankheiten. Wenn Ihre mitversicherten Kinder also beim Arzt oder im Krankenhaus behandelt werden oder wenn Sie z. B. zur Krebsvorsorgeuntersuchung gehen, mindert das Ihren Anspruch auf Beitragsrückzahlung nicht.

▪ *Sieht die Satzung der jeweiligen Krankenkasse eine Beitragsrückzahlung vor, brauchen Sie als Versicherter – im Gegensatz zum Selbstbehalt im Rahmen der Kostenerstattung – diese nicht ausdrücklich zu wählen.* ▪

Beispiel: Beitragsrückgewähr

Ein verheirateter Mann mit zwei Kindern im Alter von 8 und 10 Jahren ist freiwillig krankenversichert. Er zahlt an seine Krankenkasse einen monatlichen Beitrag von 480 €. Er und seine Ehefrau haben in einem Kalenderjahr – abgesehen von Leistungen zur Früherkennung von Krankheiten – keine Leistungen zu Lasten ihrer Krankenkasse in Anspruch genommen. Die Besuche beim Kinderarzt haben hier keine Bedeutung, da die Kinder jünger als 18 Jahre sind.
Falls die betroffene Krankenkasse eine entsprechende Satzungsregelung hat, kann sie dem Versicherten einen vollen Monatsbeitrag in Höhe von 480 € zurück zahlen.

Bonusprogramme

Seit 1.1.2004 kann Ihnen Ihre Krankenkassen einen Bonus für gesundheitsbewusstes Verhalten gewähren. Wenn Sie also regelmäßig Leistungen zur Früherkennung von Krankheiten (z. B. Krebsvorsorgeuntersuchungen) oder sog. qualitätsgesicherte Leistungen der Krankenkasse zur primären Prävention (z. B. eine Anti-Stress-Kurs) in Anspruch nehmen, kann Sie Ihre Krankenkasse durch Sach- oder finanzielle Prämien „belohnen". Art und Umfang der Prämie kann die Krankenkasse weitgehend frei gestalten. Voraussetzung ist jedoch, dass die Satzung der jeweiligen Krankenkasse eine entsprechende Bonusregelung vorsieht.

Daneben können Krankenkassen weitere Boni anbieten, wenn Versicherte an einer hausarztzentrierten Versorgung, an einem strukturierten Behandlungsprogramm für chronisch Kranke oder an einer sog. „integrierten Versorgung" teilnehmen. Die Art der Bonusregelungen gibt das Gesetz in diesen Fällen jedoch vor: So kann die Krankenkasse die gesetzlichen Zuzahlungen des Versicherten für die Dauer der Teilnahme an den genannten Maßnahmen reduzieren oder die Beiträge ermäßigen. Auch diese Regelungen müssen in der Kassensatzung jedoch ausdrücklich vorgesehen sein.

Als dritte Möglichkeit können die Krankenkassen in ihren Satzungen Boni für Arbeitgeber und teilnehmende Versicherte vorsehen, die Maßnahmen der betrieblichen Gesundheitsförderung betreffen. Hier sind Art und Umfang der Boni nicht gesetzlich reglementiert, so dass die Krankenkassen entscheiden können, welche Anreize sie setzen.

Was Patienten sonst noch interessiert

Durch die Gesundheitsreform haben sich noch einige andere Änderungen ergeben, die Ihnen als Versicherter mehr individuelle Entscheidungsfreiheit bei der Gestaltung Ihres Versicherungsschutzes lassen. Natürlich haben die unterschiedlichen Regelungen finanzielle Auswirkungen

Alle Versicherten können Kostenerstattung wählen

Alle Versicherten, nicht mehr nur freiwillig Versicherte, haben seit 1.1.2004 die Möglichkeit, Kostenerstattung zu wählen. Bei der Kostenerstattung werden Sie nicht über die Krankenversichertenkarte behandelt (das so genannte Sachleistungsprinzip), sondern erhalten eine Privatrechnung des Arztes, bezahlen diese zunächst selbst und reichen sie dann bei Ihrer Krankenkasse ein. Die Krankenkasse erstattet Ihnen dann den so genannten Kassenanteil, also den Betrag, den sie auch bei der Abrechnung über die Versichertenkarte bezahlen würde.

Die Krankenkasse muss Sie vor Ihrer Wahl über deren Folgen beraten. Sie können die Wahl der Kostenerstattung ausdrücklich auf den Bereich der ambulanten Behandlung beschränken. Bei einer entsprechenden Entscheidung gilt dann das Kostenerstattungsprinzip für alle ambulanten Leistungen, z. B. Arztbesuche, während es für alle stationären Leistungen beim Sachleistungsprinzip bleibt, z. B. bei Krankenhausaufenthalten. Wer Kostenerstattung wählt, ist für ein Jahr daran gebunden.

Inanspruchnahme von Nichtvertragspartnern

Neu ist seit 1.1.2004, dass Sie - wenn Sie Kostenerstattung gewählt haben - nach vorheriger Zustimmung Ihrer Krankenkasse auch Leistungserbringer in Anspruch nehmen können, mit denen Ihre Krankenkasse keinen Vertrag abgeschlossen hat (mehr zu Vertragsärzten, siehe S. 72). Die Krankenkasse kann die Zustimmung erteilen, wenn medizinische oder soziale Gründe eine Inanspruchnahme dieser Leistungserbringer rechtfertigen und eine zumindest gleichwertige Versorgung wie bei einem Vertragspartner der Krankenkasse sichergestellt ist.

Jedes Familienmitglied kann selbst entscheiden

Die Wahl von Kostenerstattung ist jedem Versicherten selbst vorbehalten, unter der Voraussetzung, dass er sein 15. Lebensjahr vollendet hat, also auch den familienversicherten Angehörigen. Innerhalb einer Familie sind also durchaus unterschiedliche Formen der Leistungsinanspruchnahme möglich.

Vor der Wahlentscheidung sind die Krankenkassen verpflichtet, die Versicherten zu beraten. Damit sollen sie vor voreiligen Entscheidungen bewahrt werden.

Teuer durch Abschläge

Wenn Sie Kostenerstattung wählen, erhalten Sie von Ihrem Arzt eine Privatrechnung. Die Krankenkasse erstattet Ihnen davon allerdings nur die Kassensätze, die sie auch bei einer Behandlung über die Krankenversichertenkarte zahlt. Sie haben also das Risiko, einen Teil der Kosten selbst tragen zu müssen.

Da Ihnen die Krankenkasse auch noch Abschläge für Verwaltungskosten und für fehlende Wirtschaftlichkeitsprüfungen abzieht, kann dies also eine teure Angelegenheit werden.

Beispiel: Teurer nach Abzügen

Der Versicherte einer Krankenkasse hat sich von einem Vertragsarzt im Rahmen der Kostenerstattung als Privatpatient behandeln lassen. Der Arzt hat das 2,3-fache der Sätze der Gebührenordnung der Ärzte in Rechnung gestellt. Die Höhe der Privatrechnungen für die ärztliche Behandlung und für die verordneten Medikamente beläuft sich auf insgesamt 240 €.
Der Sachbearbeiter der Krankenkasse hat in dem für die Krankenkasse geltenden einheitlichen Bewertungsmaßstab die Beträge zu ermitteln, die die Kasse bei Nutzung der Krankenversicherungskarte gezahlt hätte. Nach Abzug der Apothekenrabatte, der Abschläge für Verwaltungskosten und für fehlende Wirtschaftlichkeitsprüfung sowie der Zuzahlungen ergibt sich ein Erstattungsbetrag von 135 €. Der restliche Betrag ist vom Versicherten selbst zu tragen.

■ *Achtung: Die Wahl der Kostenerstattung kann eine teure Angelegenheit sein. Sie sollten sich von Ihrer Krankenkasse beraten lassen und die Entscheidung gut durchdenken.* ■

Versorgungsbezüge

Schon seit Jahren gehören Versorgungsbezüge (z. B. Beamtenpensionen, Betriebsrenten, berufsständische Versorgungen für pensionierte Ärzte, Zahnärzte, Apotheker, Architekten und Notare) sowie Arbeitseinkommen aus selbständiger Tätigkeit zu den beitragspflichtigen Einnahmen in der gesetzlichen Krankenversicherung.

Was ändert sich für Pflichtversicherte?

Pflichtversicherte (z. B. Rentner) zahlten bislang allerdings nur den halben Beitrag aus dem allgemeinen Beitragssatz der Krankenkassen. Seit 2004 müssen sie den vollen Beitrag aus Versorgungsbezügen und Arbeitseinkommen zahlen.

Beispiel: Höhere Beiträge eines Pflichtversicherten
Ein pflichtversicherter Rentner erhält neben seiner Rente eine Betriebsrente von seinem früheren Arbeitgeber in Höhe von monatlich 500 €. Der allgemeine Beitragssatz seiner Krankenkasse beträgt 14 %. Bis 2003 hat der Rentner deshalb aus der Betriebsrente 35 € (500 € x 7 %) Beiträge bezahlt. Da seit 1.1.2004 der volle Beitragssatz von 14 % für die Beiträge aus der Betriebsrente maßgebend ist, verdoppelt sich der monatliche Beitrag von 35 € auf 70 €.

Was ändert sich für freiwillig Versicherte?

Freiwillig Versicherte haben bisher zwar den vollen Krankenversicherungsbeitrag bezahlt, aber - im Unterschied zu den Pflichtversicherten - berechnet vom ermäßigten Beitragssatz der Krankenkassen. Seit 1.1.2004 zahlen sie die Beiträge aus den Versorgungsbezügen und dem Arbeitseinkommen ebenfalls nach dem allgemeinen Beitragssatz der Krankenkasse. Diese Änderung führt dazu, dass für freiwillig versicherte

Rentner keine günstigeren Beitragssätze mehr gelten als für pflichtversicherte Rentner.

Beiträge zur Pflegeversicherung

Bisher wurde der Beitrag zur Pflegeversicherung bei pflichtversicherten Rentnern zur Hälfte vom Rentner und zur Hälfte vom Rentenversicherungsträger getragen. Hier gibt es seit 2004 eine Änderung.

Rentner werden stärker belastet

Versicherungspflichtige Rentner müssen den Beitrag zur Pflegeversicherung aus der Rente alleine tragen. Dadurch wird die Rentenkasse zu Lasten der Rentner entlastet. Dies soll zusammen mit anderen Maßnahmen sicherstellen, dass der Beitrag zur Rentenversicherung für Arbeitnehmer stabil gehalten wird. Die Zeche dafür zahlen die Rentner, deren Beitrag zur Pflegeversicherung sich dadurch verdoppelt. Pro 1000 Euro Rente ergibt sich dadurch eine monatliche Mehrbelastung von 8,50 Euro.

Um freiwillig krankenversicherte Rentner mit sozialer Pflichtversicherung in der Pflegeversicherung gleich zu behandeln, entfällt für diese seit 1.1.2004 der bisherige Zuschuss des Rentenversicherungsträgers zum Pflegeversicherungsbeitrag.

Kooperation mit privaten Krankenversicherungsunternehmen

Seit Januar 2004 kann die Satzung einer Krankenkasse eine Regelung enthalten, nach der sie den Abschluss privater Zusatzversicherungsverträge zwischen ihren Versicherten und privaten Krankenversicherungen vermitteln kann. Dazu gehören insbesondere der Ein- oder Zweibettzimmerzuschlag im Krankenhaus, die Wahlarztbehandlung im Krankenhaus oder eine Auslandskrankenversicherung.

Hierdurch erhalten Sie die Möglichkeit, Ihren Krankenversicherungsschutz zu ergänzen und entsprechende Verträge über ihre Krankenkasse abzuschließen. Sie können von dieser Regelung vor allem dann profitieren, wenn Ihre Krankenkasse mit privaten Krankenversicherungsunternehmen günstige Gruppentarife abschließt.

■ *Das Angebot privater Zusatzversicherungsverträge ist eines der Wettbewerbsinstrumente für die Krankenkassen, weil sie ihren Versicherten damit weitere Vorteile bieten können.* ■

Welche Zusatzangebote gibt es?

Die Angebotspalette der privaten Zusatzversicherungen ist reichhaltig. Die verschiedenen Krankenkasse bieten vielerlei unterschiedliche Zusatzversicherungen an, z. B.

- Krankenhauszusatztarife,
- Auslandskrankenversicherungen,
- Tarife für Heilpraktiker und Naturheilkunde,

- Zusatztarife für Brillen,
- Zusatztarife zur Erstattung von Zuzahlungen,
- Krankengeldzusatztarife usw.

Informieren Sie sich bei Ihrer Krankenkasse, welche Angebote für Sie interessant sein könnten.

Patientenquittung

Auf Wunsch erhalten Versicherte seit 2004 eine Patientenquittung vom Arzt, Zahnarzt oder Krankenhaus. Es handelt sich dabei um eine Kosten- und Leistungsinformation, die auch für den medizinischen Laien verständlich formuliert ist. Sie werden also in Zukunft besser durchschauen können, welche Leistungen ein Arzt zu welchen Kosten erbracht hat.. Sie können sich sofort nach dem Arzt- oder Krankenhausbesuch eine Patientenquittung ausstellen lassen.

Mehr Transparenz bei der Abrechnung

Für viele Patienten ist das Abrechnungssystem der Ärzte nicht durchschaubar. So wird den Ärzten vielfach fehlerhaftes Abrechnen gegenüber den Krankenkassen unterstellt. Oft wird behauptet, es würden Leistungen abgerechnet, die gar nicht erbracht worden sind.

Solche pauschalen Verdächtigungen zeigen, wie wichtig es ist, mehr Transparenz in das Leistungs- und Abrechnungsgeschehen zu bringen. Die Patientenquittung soll hier Abhilfe schaffen und als Kontrollinstrument für alle Beteiligten fungieren.

Patientenschutzbeauftragte

Die Gesundheitsreform fordert ganz klar mehr Verantwortung von den Patienten. Sie sollen stärker mitreden, mitentscheiden und zum aktiven Partner im Behandlungsprozess werden. Mit der Berufung eines Patientenschutzbeauftragten auf Bundesebene ab 2004 sollen die Interessen der Patienten deshalb zukünftig stärker wahrgenommen werden.

Die Aufgaben des Patientenschutzbeauftragten

Zum ersten Mal sind die Mitwirkungsrechte der Patienten gesetzlich verankert. Sie haben ein verbrieftes Recht auf Anhörung und Information sowie Beteiligung bei Fragen der Sicherstellung ihrer medizinischen Versorgung. Der Patientenschutzbeauftragte soll zukünftig dafür sorgen, dass die Belange von Patienten stärker beachtet werden, die Weiterentwicklung der Patientenrechte fördern und sich für die Schaffung von Beteiligungsmöglichkeiten und Informationsmöglichkeiten im Gesundheitswesen einsetzen. Der Patientenschutzbeauftragte soll die Transparenz im Gesundheitswesen verbessern und im ständigen Dialog mit Patientenverbänden und Organisationen die Interessen der Patienten in die Öffentlichkeit vertreten. Alle Patienten können sich mit Anfragen und Beschwerden an diese neue Stelle wenden.

Institut für Qualität und Wirtschaftlichkeit im Gesundheitswesen

Nicht bei allen Leistungen, die heute in der Medizin erbracht werden, ist gesichert, ob sie dem Patienten wirklich nützen. Andererseits werden aktuelle wissenschaftliche Erkenntnisse häufig nur mit großer Verzögerung in der medizinischen Praxis umgesetzt. Häufig ist für Sie als Patient nicht nachvollziehbar, nach welchen Kriterien bestimmte Leistungen in den Katalog der gesetzlichen Krankenversicherung aufgenommen werden und andere nicht. Aus diesem Grund soll eine unabhängige Institution zuverlässig wissenschaftliche Erkenntnisse zusammentragen und den Entscheidungsträgern im Gesundheitswesen und auch jedem einzelnen Versicherten zur Verfügung stellen.

Orientierungshilfe und Leitfunktion

Deshalb sieht die Gesundheitsreform vor, dass Krankenkassen, Krankenhäuser und Ärzte ein gemeinsames, staatsunabhängiges Institut für Qualität und Wirtschaftlichkeit im Gesundheitswesen gründen. Dieses Institut soll helfen, die Qualität und Transparenz unseres Gesundheitswesens zu verbessern.

Das Institut soll u. a. mehr Klarheit schaffen bei der Frage, warum die Krankenkassen eine bestimmte medizinische Leistung bezahlen oder nicht bezahlen. Bisher ist es für Außenstehende schwer nachvollziehbar, warum eine Therapie, ein Arzneimittel usw. in den Leistungskatalog aufgenommen wird oder warum die Aufnahme abgelehnt wird.

„Stiftung Warentest" für das Gesundheitswesen

Nach dem jeweiligen aktuellen Stand in der Wissenschaft sollen medizinische Behandlungen, Operationsverfahren oder Arzneimittel auf ihren Nutzen untersucht und bewertet werden. Dazu gehören auch Empfehlungen zur Behandlung bestimmter Krankheiten (Leitlinien), um den Ärzten eine verlässliche Orientierung hinsichtlich der aktuellen medizinischen Forschung zu geben.

■ *Diese Bewertungen und Empfehlungen werden so formuliert, dass auch Sie als Patient sie verstehen und für das Gespräch mit Ihrem Arzt nutzen können. Die Funktion des Instituts ist also durchaus mit der „Stiftung Warentest" vergleichbar.* ■

Verbesserte Patientenversorgung

Die strikte Trennung zwischen ambulanter und stationärer Versorgung wird durch die Gesundheitsreform durchlässiger gestaltet. Dafür sieht das Gesundheitsreformgesetz (GMG) unterschiedliche Instrumentarien vor.

Hausarztzentrierte Versorgung

Die Rolle des Hausarztes wird durch das GMG deutlich gestärkt. Dieser soll immer die zentrale Stelle sein, bei der alle medizinischen Daten, auch die der beteiligten Fachärzte, zusammenlaufen. Der Hausarzt soll die Behandlungsverläufe gemeinsam mit Ihnen entscheiden, koordinieren und steuern. Deshalb sollte Sie Ihr Weg im Krankheitsfall immer zuerst zu Ihrem Hausarzt führen. Wenn Sie an der hausarztzentrierten Versorgung teilnehmen, können Sie hierfür von Ihrer Krankenkasse einen Bonus erhalten.

Ambulante Behandlung im Krankenhaus

Wer wegen einer schwerwiegenden Erkrankung, beispielsweise auch nach einer stationären Behandlung, weiterhin hochqualifizierte fachärztliche Betreuung benötigt, kann diese seit 2004 auch ambulant in einem Krankenhaus erhalten. Das Ziel dieser Maßnahme ist es, die Behandlungsqualität zu verbessern, da dadurch die Möglichkeit besteht, dass immer dieselben Personen denselben Patienten behandeln. Dies garantiert eine größere Kontinuität bei der Behandlung.

Krankenhäuser sind ab 2004 zur ambulanten Behandlung seltener Erkrankungen und Erkrankungen mit einem besonderen Krankheitsverlauf berechtigt, z. B. bei Krebs, Aids, rheumatologischen Erkrankungen oder bei der Behandlung von Frühgeborenen mit Folgeschäden. Sie übernehmen auch die Behandlung chronisch Kranker im Rahmen besonderer Behandlungsprogramme.

Versorgungszentren

Medizinische Versorgungszentren sind Einrichtungen für die interdisziplinäre Zusammenarbeit unterschiedlicher medizinischer Bereiche und nichtärztlicher Heilberufe. Sie bieten eine besondere medizinische Versorgungsqualität aus einer Hand, nämlich

- eine enge Zusammenarbeit aller an der Behandlung Beteiligten und
- eine gemeinsame Verständigung über den Krankheitsverlauf, Behandlungsziele und Therapie.

So wird beispielsweise besser abgestimmt, welche Medikamente der Patient erhält, und unnötige Doppeluntersuchungen lassen sich vermeiden.

Integrierte Versorgung

Ein großes Problem des deutschen Gesundheitswesens ist die starre Abgrenzung zwischen den einzelnen Sektoren, wie beispielsweise Arzt, Krankenhaus und Rehalbilitationseinrichtung, sowie zwischen den Sozialleistungszweigen, wie Krankenkasse und Rententräger. Viele Patienten müssen immer noch allzu oft gerade an den Schnittstellen zwischen stationärer und ambulanter Behandlung oder beim Übergang in Rehabilitationsmaßnahmen selbst aktiv werden. Weil ihnen der richtige Ansprechpartner fehlt, müssen sie den Fortgang der für sie richtigen Therapie selbst recherchieren und auch organisieren.

Diese Abgrenzung zwischen den einzelnen Sektoren soll durch die Gesundheitsreform durchlässiger werden. Erreicht wird dies durch die sog. „integrierte Versorgung“: Die Krankenkassen können ihren Versicherten eine abgestimmte Versorgung anbieten, bei der Haus- und Fachärzte, ärztliche und nichtärztliche Leistungserbringer, ambulanter und stationärer Bereich sowie ggf. Apotheken koordiniert zusammenwirken. Entsprechende Informationen erhalten Sie bei Ihrer Krankenkasse bzw. von Ihrem behandelnden Arzt.

Entlastung des Beitragszahlers

Die Gesundheitsreform 2004 hat auch die sog. versicherungsfremden Leistungen aufgegriffen. Die Krankenkassen übernehmen seit je her Leistungen, die eigentlich von der Allgemeinheit und nicht nur von den gesetzlich Krankenversicherten zu tragen wären. Dazu gehören

- das Mutterschaftsgeld,
- sonstige Leistungen bei Schwanger- und Mutterschaft,
- Mittel zur Empfängnisverhütung,
- Leistungen bei Schwangerschaftsabbruch,
- Haushaltshilfen,
- Krankengeld bei Erkrankung eines Kindes.

Diese Leistungen sind zwar auch nach der Gesundheitsreform noch Bestandteil des Leistungskatalogs der gesetzlichen Krankenkassen. Diese Leistungen werden aber nicht mehr aus Beiträgen der Krankenversicherten, sondern aus Steuermitteln finanziert. Dadurch werden die Beitragszahler der gesetzlichen Krankenversicherung entlastet.

Ausblick auf die Jahre 2005/2006

Zahnersatz und Krankengeld gehören 2004 nach wie vor zum Leistungskatalog der Krankenkassen. Ab 2005 wird der Zahnersatz jedoch durch einen bundesweit einheitlichen, gesonderten Beitrag nur noch durch die Versicherten finanziert. Dies gilt auch für das Krankengeld, das ab 2006 allein von den Versicherten finanziert werden soll.

Was sich beim Zahnersatz ändert

Wenn Sie zum Zahnarzt gehen, ändert sich für Sie - abgesehen von der Praxisgebühr - zunächst einmal nichts. Bis Ende 2004 gilt der Versicherungsschutz in der jetzigen Form. Ab 2005 wird nicht mehr ein prozentualer Zuschuss zu den Kosten des Zahnersatzes bezahlt. Die Krankenkassen setzen vielmehr so genannte Festzuschüsse in ihren Kassensatzungen fest.

Wie hoch sind die Zuschüsse für Zahnersatz?

Ab 1.1.2005 werden zum Zahnersatz, beispielsweise zu Brücken und Kronen, nur befundbezogene Festzuschüsse gezahlt, die sich nach der Regelversorgung richten und nicht nach der medizinisch notwendigen Versorgung im Einzelfall. Die Höhe dieser Zuschüsse beträgt 50 Prozent der für die Regelversorgung notwendigen Leistungen, die restlichen 50 Prozent der Kosten tragen Sie selbst.

Die bisherigen Bonusregelungen bleiben erhalten: Wenn Sie jedes Jahr zur Kontrolluntersuchung zum Zahnarzt gehen, erstattet Ihre Kasse Ihnen auch weiterhin bis zu 65 Prozent der Kosten für die Regelversorgung.

Wie ist das mit der Zahnspange?

An dem Anspruch gesetzlich Versicherter auf kieferorthopädische Behandlung ändert sich nichts. Kieferorthopädische Maßnahmen, wie etwa Zahnspangen, sind von der Neuordnung der Versorgung mit Zahnersatz nicht betroffen.

Gibt es auch zukünftig Härtefallregelungen?

Für Zahnersatz gelten die bis 2003 gültigen Härtefallregelungen bis Ende 2004 weiter. Wer ab 2005 Zahnersatz braucht, ein geringes Einkommen hat oder Arbeitslosenhilfe oder Sozialhilfe bezieht, erhält einen Betrag bis zur Grenze des doppelten Festzuschusses, angepasst an die Höhe der tatsächlich entstandenen Kosten. Der Maximalbetrag liegt jedoch in Höhe der für die Regelversorgung jeweils vereinbarten Kosten.

Zahnersatzversicherung bei Ihrer Krankenkasse

Ab 2005 müssen Versicherte einen zusätzlichen monatlichen Beitrag für den Zahnersatz zahlen. Die gesetzlichen Krankenkassen sind verpflichtet, ihren Versicherten ab 2005 eine solche Zahnersatzversicherung anzubieten. Wenn Sie also auch beim Zahnersatz weiterhin in der gesetzlichen Krankenversicherung bleiben möchten, brauchen Sie nichts zu unternehmen.

Lediglich den monatlichen Beitrag (geplant sind weniger als 10 Euro) müssen Sie zukünftig alleine bezahlen. Er wird automatisch zusammen mit Ihrem Krankenversicherungsbeitrag eingezogen.

Bei der Beitragszahlung gibt es jedoch keine Härtefallregelung: Der monatlich anfallende Beitrag für die Zahnersatzversicherung muss von allen Versicherten geleistet werden, auch von Geringverdienern und Sozialhilfeempfängern.

Private Zahnersatzversicherung

Sie haben aber auch die Möglichkeit, den Zahnersatz für sich und Ihre familienversicherten Angehörigen über ein privates Krankenversicherungsunternehmen abzudecken. Dabei besteht grundsätzlich die freie Auswahl unter den privaten Anbietern. Bedingung ist jedoch, dass die Leistungen der privaten Krankenkasse mit denen Ihrer gesetzlichen Kasse vergleichbar sind. Erst wenn Sie Ihrer Krankenkasse den Versicherungsschutz durch einen privaten Anbieter nachweisen, werden Sie aus der gesetzlichen Versicherungspflicht entlassen.

■ *Haben Sie einmal zu einer privaten Kasse gewechselt, gibt es kein Zurück mehr in die gesetzliche Krankenkasse, auch nicht beim Zahnersatz.* ■

Wenn Sie schon eine private Zusatzversicherung haben und diese sich auf Leistungen bezieht, die nicht von der gesetzlichen Krankenversicherung übernommen werden, ist sie von den Umstellungen in der Regel nicht betroffen. Um ganz sicher gehen, sollten Sie sich an Ihre private Krankenversicherung wenden.

Sonderbeitrag für Krankengeld ab 2006

Ab 2006 gilt für das Krankengeld eine geänderte Finanzierung. Der Leistungsinhalt bleibt unverändert. Ab 2006 haben alle Versicherten einen besonderen Beitragssatz in Höhe von 0,5 Prozent zu bezahlen. Der Sonderbeitrag ist nicht nur von den Arbeitnehmern, sondern auch von allen anderen Versicherten zu zahlen, also auch von Rentnern oder Arbeitslosen. Die Arbeitgeber sind an diesem Sonderbeitrag nicht beteiligt. Da sich durch die Sonderfinanzierung des Krankengeldes die "normalen" Beitragssätze verringern, sind die Versicherten stärker als die Arbeitgeber an den gestiegenen Kosten der gesetzlichen Krankenversicherung beteiligt.

Das Verhältnis zwischen Patient und Arzt

Wer Rechte hat, hat natürlich auch Pflichten. Aber wer weiß schon, welche Rechte er gegenüber dem Arzt und welche Pflichten der Arzt wiederum ihm gegenüber hat? Hier erfahren Sie alles, was Sie für den Arztbesuch wissen müssen - bis hin zur rechtlichen Vorsorge für den Fall, dass Sie selbst nicht mehr entscheiden können.

Wer darf Sie behandeln?

Als Patient haben Sie grundsätzlich freie Arztwahl. Allerdings hat der Gesetzgeber hierbei einen Rahmen vorgegeben, innerhalb dessen Sie wählen können. Wählbar sind z. B. alle so genannten Vertragsärzte. Es handelt sich dabei um zugelassene oder ermächtigte Ärzte.

■ *Andere zur Ausübung der Heilkunde berechtigte Personen, wie z. B. Heilpraktiker, dürfen keine ärztliche Behandlung erbringen. Dies gilt auch für Notfälle.* ■

Ärzte haben ihre Leistungen grundsätzlich persönlich zu erbringen. Diese Pflicht zur persönlichen Leistungserbringung schließt allerdings nicht aus, dass der Arzt bestimmte Leistungen an Personen delegiert, die unter seiner Aufsicht und Weisung stehen und die für die Erbringung der Hilfeleistung qualifiziert sind. Sie gelten als eigene Leistungen des Arztes. Welche ärztlichen Aufgaben an medizinisches Arztpersonal delegiert werden darf, hängt von der Art der Leistung, der Schwere des Krankheitsfalles und der Qualifikation des Hilfspersonals ab.

Hilfspersonen, die den Arzt bei der ärztlichen unterstützen, sind z. B.:

- Krankenschwestern
- Arztgehilfinnen
- Laborantinnen
- Krankengymnasten

– Physiotherapeuten
– Psychologen
– Logopäden

Nichtvertragsärzte dürfen nur in Notfällen in Anspruch genommen werden. Unter Notfall ist dabei das Vorliegen einer bedrohlichen Krankheit zu verstehen, bei der nur noch sofortige ärztliche Behandlung Hilfe bringen kann und bei der dem Versicherten unter Berücksichtigung aller objektiven und subjektiven Umstände die Inanspruchnahme eines Vertragsarztes anstelle eines Nichtvertragsarztes nicht zuzumuten ist.

Qualität und Umfang der Behandlung

Jeder Vertragsarzt muss seine Leistung nach den Regeln der ärztlichen Kunst und unter Berücksichtigung des allgemein anerkannten Standes der medizinischen Erkenntnisse erbringen. Er hat das Gebot der Wirtschaftlichkeit zu beachten und seine Behandlungs- und Verordnungsweise hierauf einzurichten.

Der Umfang der vertragsärztlichen Versorgung umfasst

- die ärztliche Behandlung,
- Maßnahmen zur Früherkennung von Krankheiten,
- ärztliche Betreuung bei Schwanger- und Mutterschaft,

- die Verordnung von medizinischen Leistungen im Rahmen der Rehabilitation, der Belastungserprobung und Arbeitstherapie,
- die Anordnung der Hilfeleistung anderer Personen,
- das Verordnen von Arznei-, Verband, Heil- und Hilfsmitteln, von Krankentransporten sowie Krankenhausbehandlungen oder Behandlungen in Vorsorge- oder Rehabilitationseinrichtungen,
- die Verordnung häuslicher Krankenpflege,
- das Ausstellen von Bescheinigungen und das Erstellen von Berichten, die die Krankenkassen oder der Medizinische Dienst zur Durchführung ihrer gesetzlichen Aufgaben benötigen oder die die Versicherten im Zusammenhang mit dem Anspruch auf Fortzahlung des Arbeitsentgelts vorlegen müssen (Arbeitsunfähigkeitsbescheinigung),
- medizinische Maßnahmen zur Herbeiführung einer Schwangerschaft,
- ärztliche Maßnahmen zur Empfängnisverhütung, zum Schwangerschaftsabbruch und zur Sterilisation.

Ihre Einwilligung nach ärztlicher Aufklärung und Beratung

Eine ärztliche Heilbehandlung, in die Sie nicht eingewilligt haben, gilt unter strafrechtlichen Gesichtspunkten als Körperverletzung (§ 223 StGB). Da Sie sich freiwillig in ärztliche

Behandlung begeben, können Sie diese auch jederzeit wieder abbrechen oder verweigern, selbst gegen den Rat des Arztes.

Damit Ihre Einwilligung auch rechtlich wirksam ist, müssen Sie zuvor von Ihrem Arzt ausreichend aufgeklärt worden sein. Sind Sie nicht bei Bewusstsein oder ist dieses getrübt, wird Ihr mutmaßlicher Wille oder die Entscheidung eines vernünftigen aufgeklärten Dritten zugrunde gelegt (vgl. Urteil des Bundesgerichtshofs, BGH, vom 25.3.1988).

Eine Heilbehandlung ohne angemessene Aufklärung ist dagegen rechtswidrige Eigenmacht. Hier liegt der Tatbestand der Körperverletzung nach § 223 StGB vor. Außerdem verstößt sie gegen das Selbstbestimmungsrecht und damit gegen die Menschenwürde nach Art. 1 des Grundgesetzes (vgl. Urteil des Bundesverfassungsgerichts, BVerfG, vom 25.7.1979). Im Streitfall muss ein Arzt beweisen, dass er den Patienten tatsächlich ausreichend aufgeklärt hat, unabhängig von unterschriebenen Formularen (vgl. Urteil des BGH vom 28.2.1984).

Welche Informationen können Sie von Ihrem Arzt erwarten?

Eine angemessene Aufklärung bedeutet, dass der Arzt

- Sie über Ihren momentanen Gesundheitszustand informiert (einschließlich Diagnose),
- Ihnen mitteilt, wer genau Sie behandelt,
- Sie detailliert darüber informiert, wozu Sie Ihre Einwilligung geben,

- Ihnen ausreichend Zeit gibt, damit Sie ohne Druck entscheiden können,
- Sie über Behandlungsrisiken, d. h. über Art und Wahrscheinlichkeit möglicher Schäden informiert, einschließlich der Konsequenzen für Ihren Alltag,
- Ihnen die Erfolgsaussichten der Behandlung schildert,
- Sie über den Grund und die Dringlichkeit des Eingriffs oder der Behandlung informiert,
- Sie in verständlicher Form aufklärt,
- Sie über Behandlungsalternativen informiert sowie
- die Kosten offenlegt, die für Sie aus der Behandlung resultieren.

Wenn Ihr Arzt Sie aufklärt, genügt es also nicht, dass er Ihnen ein Formular hinlegt und Sie zur Unterschrift bewegt. Der behandelnde Arzt muss Sie persönlich und mündlich so informieren, dass Sie verstehen, worum es geht und ohne Druck das Für und Wider abwägen können. Eine rechtswidrige Aufklärung macht Ihre Einwilligung unwirksam.

Schadensersatz und Schmerzensgeld

Erleiden Sie Schäden, über die Sie im Vorfeld nicht aufgeklärt wurden und deren Nennung Ihre Entscheidung beeinflusst hätte, haben Sie Anspruch auf Schadensersatz und Schmerzensgeld. Darüber hinaus liegt dann in der Regel ein Straftatbestand wegen fahrlässiger Körperverletzung vor.

Welche medizinischen Maßnahmen müssen dokumentiert werden?

Ärzte sind verpflichtet, den Behandlungsverlauf schriftlich zu dokumentieren. In diesen Unterlagen enthalten sind

- alle diagnostischen und therapeutischen Maßnahmen wie z. B. Diagnoseuntersuchungen, Funktionsbefunde, Medikation, ärztliche Hinweise für und Anweisungen an die Funktions- und Behandlungspflege und Abweichungen von der Standardbehandlung, sowie
- sämtliche Verlaufsdaten. Hierzu gehören Aufklärung, Operationsbericht, Narkoseprotokoll, etwaige Zwischenfälle, Wechsel des Operateurs während einer Operation, Anfängerkontrolle, Intensivpflege, Verlassen des Krankenhauses gegen den ärztliche Rat etc.

Diese medizinischen Dokumente muss der Arzt zwischen zehn und 30 Jahren aufbewahren. Sie können im Streitfall zwischen Arzt und Patient wichtig sein.

Wer darf die Behandlungsunterlagen einsehen?

Grundsätzlich haben Sie ein Recht auf Einsicht in Ihre Krankenakte (§ 810 BGB). Dabei muss Ihnen der Arzt nicht zwingend das Original zur Verfügung stellen. Eine Kopie reicht aus. Persönliche Notizen muss der Arzt dagegen nicht herausgeben. Die Übergabe von Röntgenaufnahmen können

Sie verlangen. Gibt der Arzt seine Praxis auf, können Sie die Herausgabe der Akte fordern. Stirbt der Patient, erhalten seine Erben die Akte nur dann, wenn sie vermögensrechtliche Interessen haben. Klagt der Patient gegen den Arzt, muss die Krankenakte an das Gericht gegeben werden.

Ärztliche Schweigepflicht

Jeder Arzt ist zu absolutem Stillschweigen gegenüber Dritten verpflichtet. Das gilt auch gegenüber Angehörigen, wenn der Patient das so wünscht.

Die ärztliche Schweigepflicht gilt grundsätzlich auch gegenüber den Krankenkassen, dem Medizinischen Dienst der Krankenkassen oder anderen Behörden. Patientendaten darf der Arzt nur bei Vorliegen einer gesetzlichen Erlaubnis, einer gesetzlichen Verpflichtung oder mit ausdrücklicher Einwilligung des Patienten weitergeben.

Ein Vertragsarzt ist jedoch berechtigt und verpflichtet, ärztliche Bescheinigungen auszustellen und ärztliche Berichte zu verfassen, die von der Krankenkasse oder dem medizinischen Dienst benötigt werden.

Patientenverfügung, Vorsorgevollmacht und Betreuungsverfügung

Durch einen Unfall oder eine schwere Krankheit kann jeder in die Situation kommen, dass er für sich selbst keine Entscheidungen mehr treffen kann. Auch im Alter können die

Umstände dazu führen, dass man nicht mehr alle Geschäfte des täglichen Lebens selbstständig regeln kann.

Deshalb sollten Sie sich frühzeitig Gedanken machen, wie Ihre Wünsche und Lebensvorstellungen für diesen Fall aussehen und wie Sie diese geltend machen können. Denn auch Ihre Eltern, Ihr Ehegatte oder Ihre Kinder brauchen nach dem Gesetz eine Vollmacht, um für Sie tätig werden zu können, sofern Sie volljährig sind.

Patientenverfügung

Im Normalfall sprechen Sie regelmäßig mit Ihrem behandelnden Arzt über die Art der Behandlung. Sollten Sie hierzu nicht mehr in der Lage sein, so entscheidet der Arzt nach Ihrem mutmaßlichen Willen. Um sicher zu gehen, dass der Arzt sich Ihren Vorstellungen entsprechend verhält, können Sie eine Patientenverfügung abgeben. Hierin erklären Sie, ob Ihr Arzt alle Möglichkeiten, Ihr Leben zu verlängern, ergreifen oder ob er unter bestimmten Bedingungen die Behandlung auf die Linderung von Schmerzen beschränken soll. Ihre Verfügung zeigt dem Arzt, wie Sie sich Ihre weitere Behandlung vorstellen. Wichtig ist, dass die letzte Entscheidung über medizinische Maßnahmen weiterhin beim Arzt liegt.

Damit deutlich wird, dass Sie sich ausführlich, ernsthaft und nachhaltig mit der Thematik befasst haben, sollten Sie Ihren Hausarzt konsultieren, bevor Sie ein entsprechendes Schriftstück aufsetzen. Fassen Sie die Patientenverfügung eigenhändig ab und unterschreiben Sie das Dokument. Außerdem ist es wichtig, dass die Patientenverfügung nicht veraltet ist, damit nicht der Eindruck entsteht, dass sie nicht mehr Ihren aktuellen Willen wiedergibt. Deshalb sollten Sie Unterschrift und Datum auf dem Dokument regelmäßig, mindestens alle zwei Jahre, erneuern.

Die richtige Aufbewahrung

Die Patientenverfügung muss den behandelnden Ärzten im Original vorliegen. Deshalb sollten Sie das Original entweder an einem sicheren Ort aufbewahren oder direkt bei Ihren Angehörigen hinterlegen. Damit die Ärzte bei einer überraschenden Krankenhauseinweisung von der Existenz einer Patientenverfügung Kenntnis erhalten, empfiehlt es sich, einen Hinweis auf die Verfügung zusammen mit dem Personalausweis in der Brieftasche aufzubewahren.

Die Patientenverfügung ist ein sinnvolles Mittel, um die persönliche Einstellung gegenüber ärztlichen Behandlungen, wie z. B. lebensverlängernden Maßnahmen, zu dokumentieren. Für eine sichere Rundum-Vorsorge kombinieren Sie die Patientenverfügung am besten mit einer Vorsorgevollmacht oder einer Betreuungsverfügung.

Die Vorsorgevollmacht

Mit einer Vorsorgevollmacht geben Sie einer Person, der Sie uneingeschränkt vertrauen, die Möglichkeit, in von Ihnen benannten Lebensbereichen in Ihrem Namen zu handeln. So können Sie z. B. eine Vollmacht zur Regelung Ihrer finanziellen Angelegenheiten geben. Sie können die Vollmacht auch an Bedingungen knüpfen. So kann die Vollmacht abhängig davon sein, dass Sie infolge einer schweren Erkrankung in Ihrer Entscheidungsfähigkeit eingeschränkt sind.

Eine Vorsorgevollmacht sollten Sie ausschließlich an eine Ihnen absolut vertrauenswürdige Person übertragen.

Wird eine Vorsorgevollmacht offiziell anerkannt?

Banken, Sparkassen und Behörden erkennen die Vollmacht meist nur dann an, wenn die Unterschrift von einer offiziellen Einrichtung wie einer Behörde oder einer Bank bzw. von einem Notar bestätigt wurde. Erkundigen Sie sich bei Ihrer Bank nach den dort gebräuchlichen Vordrucken für Bankvollmachten. Wie bei der Patientenverfügung ist es auch bei der Vorsorgevollmacht wichtig, dass sie Ihren aktuellen Willen wiedergibt. Deshalb sollten Sie Ihren in der Vollmacht zum Ausdruck gebrachten Willen alle zwei Jahre durch eine neue Unterschrift bekräftigen.

Die Betreuungsverfügung

Die Betreuungsverfügung ist eine Willenserklärung, mit der Sie verbindlich bestimmen, wer als Ihr gesetzlicher Vertreter für Sie handeln soll, wenn Sie nicht mehr selbst über Ihre Angelegenheiten entscheiden können. Der Betreuer wird vom Vormundschaftsgericht bestellt und kontrolliert.

Das Vormundschaftsgericht und der Betreuer sind an Ihre schriftlich festgelegten Wünsche gebunden, wenn diese nicht Ihrem Wohl entgegen stehen. Sie sollten die Betreuungsverfügung so aufbewahren, dass sie im Bedarfsfall zugänglich ist. Da über die Betreuung das örtlich zuständige Amtsgericht entscheidet, empfiehlt es sich, die Betreuungsverfügung dort zu hinterlegen. Im Fall eines Betreuungsverfahrens hat der entscheidende Richter dann unmittelbar darauf Zugriff. Weiterhin hat die Hinterlegung den Vorteil, dass die Betreuungsverfügung nicht verloren gehen kann.

Kombinationsmöglichkeiten

Oftmals empfiehlt es sich, die Patientenverfügung mit einer Vorsorgevollmacht oder einer Betreuungsverfügung zu kombinieren. Dann kann Ihr Bevollmächtigter bzw. Ihr Betreuer mit den Ärzten gemeinsam über den weiteren Verlauf Ihrer Behandlung entscheiden, wenn Sie dazu nicht mehr in der Lage sind. Damit erklären Sie Ihrem Vertreter gegenüber verbindlich, wie er sich im Fall einer ärztlichen Behandlung verhalten soll.

Im Schadensfall

Wer durch einen medizinischen Fehler zu Schaden kommt, muss sich das natürlich nicht gefallen lassen. Sie sollten hierzu jedoch wissen, wann eine Beschwerde wirklich erfolgversprechend ist, wie Sie Ihre Interessen rechtlich vertreten und wie viel Sie das kosten kann.

Die rechtliche Basis zwischen Arzt und Patient

Die Rechtsbeziehungen zwischen Arzt und Patient richten sich nach dem Bürgerlichen Gesetzbuch (BGB). Wie jeder andere Teilnehmer am Rechtsverkehr muss der Arzt oder sein Mitarbeiter für Fehlverhalten und daraus resultierende Schäden für den Patienten haften.

Aufgrund des Vertrages mit der Krankenkasse ist der Arzt zu ordnungsgemäßer Diagnose und Behandlung nach den Regeln der ärztlichen Kunst verpflichtet. Er muss außerdem den Patienten aufklären und die Krankenunterlagen ordnungsgemäß führen (Dokumentationspflicht).

Jeder Eingriff in die körperliche Unversehrtheit des Patienten ist eine Körperverletzung. Deshalb zählt auch der ärztliche Eingriff, der unter Missachtung der notwendigen Aufklärungspflicht vorgenommen wurde, zu den Behandlungsfehlern. Die Aufklärung des Patienten ist also besonders wichtig, damit dieser nicht nur aufgrund eines Aufklärungsirrtums in die Behandlung einwilligt

Was ist ein Behandlungsfehler?

Ein Behandlungsfehler kann sowohl in einer sachwidrigen Maßnahme als auch im Unterlassen einer sachlich gebotenen medizinischen Maßnahme liegen.

Die Bandbreite möglicher Behandlungsfehler ist groß, z. B.:

- zurückbleibender Fremdkörper bei einer Operation,
- unterlassene ständige Überwachung von Gehbewegungen nach einer Operation im Krankenhaus,
- unterlassene ständige Überwachung des Patienten bei Atemstörung nach einer Operation,
- Übertragung einer Operation an einen dafür noch nicht genügend qualifizierten Assistenzarzt,
- Ausführung eines überflüssigen, medizinisch nicht notwendigen Eingriffs oder
- nicht ordnungsgemäße Lagerung des Patienten während einer Operation.

Neben den klassischen Behandlungsfehlern kommen auch Fehler bei der Bedienung und Kontrolle medizinisch-technischer Geräte sowie Organisationsmängel im Krankenhaus oder in der Arztpraxis in Betracht.

Sie sollten sich jedoch darüber bewusst sein, dass nicht alle Beschwerden nach einer ärztlichen Behandlung zwangsläufig Schadenersatzansprüche wegen eines möglichen ärztlichen Kunstfehlers zur Folge haben.

Beispiel: Kein Schadensersatz nach Einwilligungserklärung

Unterschreibt ein Patient vor einer Operation eine Erklärung über mögliche Risiken, hat er bei späteren Beschwerden keinen Anspruch auf Schadenersatz. Das Oberlandesgericht Celle lehnte die Klage einer Patientin ab, die nach einer Hüftoperation Bewegungs- und Gefühlsstörungen im Bein bekommen hatte.

Obwohl Gutachter beweisen konnten, dass es sich dabei nicht um einen Operationsfehler handelte, machte die Frau vor Gericht geltend, über Risiken der Operation nicht angemessen aufgeklärt worden zu sein. Sie verlangte deshalb Schadenersatz. Das Gericht entschied jedoch gegen die Frau. Die Patientin sei durch eine Einwilligungserklärung, die sie vor der Operation unterschrieben hatte, ausreichend informiert worden. Ein Schadenersatzanspruch stehe ihr deshalb nicht zu.

So setzen Sie Schadensersatzansprüche durch

Wollen Sie Schadensersatzansprüche durchsetzen, dann sind Sie als Patient rechtlich gesehen meistens in einer schwierigen Situation. Sie sind nämlich verpflichtet, dem Arzt den Behandlungsfehler nachzuweisen. Deshalb hat der Gesetzgeber die Krankenkassen bevollmächtigt, ihre Versicherten zu unterstützen, wenn sie Schadensersatzansprüche durchsetzen wollen.

Darauf müssen Sie achten

Wenn Sie mit der Behandlung durch Ihren Arzt unzufrieden sind, sollten Sie folgende Schritte gehen:

1. Sprechen Sie zuerst mit Ihrem Arzt. So könnten Sie mögliche Missverständnisse aus dem Weg räumen.
2. Falls Sie das nicht weiterbringt, sollten Sie Namen und Anschriften etwaiger Zeugen, der nachbehandelnden Ärzte, Behandlungstermine und Untersuchungen schriftlich festhalten.
3. Fordern Sie die Dokumentation des Arztes bzw. des Krankenhauses an, welcher bzw. welches die Fehlbehandlung

durchgeführt hat. Lassen Sie sich die Vollständigkeit und Richtigkeit schriftlich bestätigen.

4 Sie sind verpflichtet, sowohl den Behandlungsfehler als auch den daraus entstandenen Schaden nachzuweisen. Deshalb benötigen Sie zum Nachweis des entstandenen materiellen Schadens sämtliche Belege und Rechnungen, die Sie selbst bezahlt haben. Sie sollten sie gesondert aufbewahren.

Einschaltung der Ärztekammer

Wenn es Ihnen allein darum geht, Ihren Unmut über die Behandlung durch den Arzt zu äußern, können Sie bei der zuständigen Ärztekammer bzw. beim Träger des Krankenhauses eine Beschwerde einreichen. Die Beteiligten werden dann zur Stellungnahme aufgefordert.

■ *Achtung: Bei der Ärztekammer geht es immer um die Wahrung der Berufsehre des beschuldigten Arztes und nicht um die Wahrung Ihrer Interessen. Daran sollten Sie bei einer Beschwerde immer denken.* ■

Wenden Sie sich an Ihre Krankenkasse

Sollten Sie der Meinung sein, dass bei Ihnen ein Behandlungsfehler vorliegt, wenden Sie sich an Ihre Krankenkasse. Die Krankenkassen sind per Gesetz legitimiert, Versicherte bei der Verfolgung von Schadenersatzansprüchen zu unterstützen, die bei der Inanspruchnahme von Krankenkassenleistungen aus Behandlungsfehlern entstanden sind.

Anforderung der Krankenunterlagen

Die Krankenkassen fordern bei entsprechenden Verdachtsmomenten die Krankenunterlagen von den betroffenen Ärzten und Krankenhäusern an. Ihre Krankenkasse braucht dazu eine Erklärung, dass Sie den Arzt bzw. das Krankenhaus von der Schweigepflicht entbinden, und dass diese/r die entsprechenden Unterlagen herausgeben darf. Der Arzt bzw. das Krankenhaus ist dann nicht mehr berechtigt, die Herausgabe der Unterlagen zu verweigern.

Einschaltung der Schlichtungsstellen

Sie können zusätzlich die Schlichtungsstelle für Arzthaftpflichtfragen einschalten. Die Anschrift der für Sie zuständigen Schlichtungsstelle erfahren Sie bei Ihrer Krankenkasse.

Das Prüfverfahren vor der Schlichtungsstelle ist für den Antragsteller kostenfrei. Die Schlichtungsstelle holt in eigener Regie entsprechende Gutachten ein, die für den Antragsteller ebenfalls kostenfrei sind. Die bei den Schlichtungsstellen und Gutachterkommissionen erstellten Gutachten werden in aller Regel von den zuständigen Haftpflichtversicherern der Ärzte und Krankenhäuser anerkannt, so dass ein Rechtsstreit nicht notwendig wird.

Die Krankenkassen sind in diesem Verfahren übrigens nicht antragsberechtigt. Sie müssen deshalb Ihren Antrag selbst an die regional zuständigen Gutachter- und Schlichtungsstellen richten, die dann die weiteren erforderlichen Maßnahmen einleiten. Das Verfahren wird grundsätzlich schriftlich durchgeführt. Ihre Ansprüche auf Schadensersatz werden durch die Einschaltung der Schlichtungsstelle nicht berührt. Selbst, wenn die Schlichtungsstelle negativ entscheiden sollte, haben Sie immer noch die Möglichkeit zu klagen.

Einschaltung des Medizinischen Dienstes der Krankenkassen

Wurde über die Schlichtungsstelle ein Gutachten erstellt, legt die Krankenkasse dieses ihrem Medizinischen Dienst vor. Bestätigt sich die Annahme eines ärztlichen Behandlungsfehlers, erhält der Versicherte eine Kopie des Gutachtens.

Werden vom Arzt bzw. dem Krankenhaus medizinische Einwände vorgebracht, lässt die Krankenkasse diese ebenfalls durch ihren Medizinischen Dienst prüfen. Wird der Behandlungsfehler vom Arzt oder dem Krankenhaus nicht anerkannt, entscheidet die Krankenkasse in Absprache mit Ihnen bzw. Ihrem Anwalt über die Frage der Klageerhebung.

Verjährungsfristen

Die Verjährungsfrist für Ansprüche aus Behandlungsfehlern beträgt hinsichtlich der materiellen Schadensersatzansprüche, z. B. Verdienstausfall, 30 Jahre, hinsichtlich der immateriellen Ansprüche (Schmerzensgeld) drei Jahre. Die Verjährungsfrist beginnt bezogen auf immaterielle Schadensersatzansprüche erst dann, wenn der Behandlungsfehler und sein Verursacher dem Geschädigten bekannt wurde.

Erhebung von Strafanzeige

In wirklich schweren Fällen können Sie bei Behandlungsfehlern Strafanzeige erstatten. Die Staatsanwaltschaft leitet dann weitere Ermittlungen ein, lässt möglicherweise Sachverständige ein Gutachten erstellen und befragt Zeugen. Bei der Prüfung geht es immer darum, ob der Arzt aus strafrechtlicher Sicht verantwortlich gemacht werden kann.

Welcher Weg letztlich der geeignete ist, muss wohlüberlegt sein und ist abhängig von den jeweiligen Umständen. Eine Strafanzeige ist meistens nicht empfehlenswert, da der Haftpflichtversicherer des Arztes oder Krankenhauses zunächst den Ausgang des Strafverfahrens abwarten wird. Deshalb zögert eine Strafanzeige auf jeden Fall den Zeitpunkt der Regulierung Ihrer Schadenersatzansprüche hinaus und verhärtet die Rechtspositionen, da strafrechtliche Schuldvorwürfe (z. B. fahrlässige Körperverletzung oder sogar Tötung) zur Debatte stehen.

Die Kosten

Sie haben die Möglichkeit, durch den Medizinischen Dienst Ihrer Krankenkasse ein kostenfreies medizinisches Gutachten erstellen zu lassen. Dadurch hält sich Ihr Kostenrisiko bei der Verfolgung von Ansprüchen zunächst in Grenzen. Mit der Erhebung der Klage sollten Sie allerdings einen auf dem Gebiet der Behandlungsfehler erfahrenen Rechtsanwalt beauftragen.

■ *Krankenkassen dürfen keine Anwalts- und Gerichtskosten übernehmen. Die Kosten übernimmt in den meisten Fällen Ihre Rechtsschutzversicherung.* ■

Die Gerichte holen in der Regel ein weiteres Gutachten ein. Sollte dieses negativ ausfallen, schaltet die Krankenkasse erneut ihren Medizinischen Dienst ein, damit dieser zu dem Gegengutachten Stellung nehmen kann. Oftmals ist es hilfreich, den Gutachter des Medizinischen Dienstes vor Gericht als medizinischen Berater heranzuziehen.

Ansprechpartner

Der Patientenschutzbeauftragte soll die Transparenz im Gesundheitswesen verbessern und im ständigen Dialog mit Patientenverbänden und Organisationen die Interessen der Patienten in die Öffentlichkeit vertreten. Deshalb können Sie sich mit allen Anfragen und Beschwerden an diese neue Stelle wenden:

Geschäftsstelle der Patientenbeauftragten
Bundesministerium für Gesundheit und soziale Sicherung
Wilhelmstraße 49
10117 Berlin

Auf folgenden Websites finden Sie außerdem weiterführende hilfreiche Informationen, aktuelle Meldungen zur Gesundheitsreform und weitere Ansprechpartner:

- Bundesgesundheitsministerium: www.bmgs.bund.de
- Zur speziellen Information über die Reform: www.die-gesundheitsreform.de
- Kassenärztliche Vereinigung: www.kbv.de

Stichwortverzeichnis